全国普法学习读本
★ ★ ★ ★ ★

信访类法律法规学习读本
信访专项管理法律法规

叶浦芳　主编

汕头大学出版社

图书在版编目（CIP）数据

信访专项管理法律法规／叶浦芳主编. -- 汕头：
汕头大学出版社，2023.4（重印）
（信访类法律法规学习读本）
ISBN 978-7-5658-2938-3

Ⅰ.①信… Ⅱ.①叶… Ⅲ.①信访工作-法规-中国
-学习参考资料 Ⅳ.①D922.182.04

中国版本图书馆 CIP 数据核字（2018）第 035051 号

信访专项管理法律法规　XINFANG ZHUANXIANG GUANLI FALÜ FAGUI

主　　编：叶浦芳
责任编辑：邹　峰
责任技编：黄东生
封面设计：大华文苑
出版发行：汕头大学出版社
　　　　　广东省汕头市大学路 243 号汕头大学校园内　邮政编码：515063
电　　话：0754-82904613
印　　刷：三河市元兴印务有限公司
开　　本：690mm×960mm 1/16
印　　张：18
字　　数：226 千字
版　　次：2018 年 5 月第 1 版
印　　次：2023 年 4 月第 2 次印刷
定　　价：59.60 元（全 2 册）
ISBN 978-7-5658-2938-3

前　言

习近平总书记指出："推进全民守法，必须着力增强全民法治观念。要坚持把全民普法和守法作为依法治国的长期基础性工作，采取有力措施加强法制宣传教育。要坚持法治教育从娃娃抓起，把法治教育纳入国民教育体系和精神文明创建内容，由易到难、循序渐进不断增强青少年的规则意识。要健全公民和组织守法信用记录，完善守法诚信褒奖机制和违法失信行为惩戒机制，形成守法光荣、违法可耻的社会氛围，使遵法守法成为全体人民共同追求和自觉行动。"

中共中央、国务院曾经转发了中央宣传部、司法部关于在公民中开展法治宣传教育的规划，并发出通知，要求各地区各部门结合实际认真贯彻执行。通知指出，全民普法和守法是依法治国的长期基础性工作。深入开展法治宣传教育，是全面建成小康社会和新农村的重要保障。

普法规划指出：各地区各部门要根据实际需要，从不同群体的特点出发，因地制宜开展有特色的法治宣传教育坚持集中法治宣传教育与经常性法治宣传教育相结合，深化法律进机关、进乡村、进社区、进学校、进企业、进单位的"法律六进"主题活动，完善工作标准，建立长效机制。

特别是农业、农村和农民问题，始终是关系党和人民事业发展的全局性和根本性问题。党中央、国务院发布的《关于推进社会主义新农村建设的若干意见》中明确提出要"加强农村法制建设，深入开展农村普法教育，增强农民的法制观念，提高农民依法行使权利和履行义务的自觉性。"多年普法实践证明，普及法律知识，提高法制观念，增强全社会依法办事意识具有重要作用。特别是在广大农村进行普法教育，是提高全民法律素质的需要。

多年来，我国在农村实行的改革开放取得了极大成功，农村发生了翻天覆地的变化，广大农民生活水平大大得到了提高。但是，由于历史和社会等原因，现阶段我国一些地区农民文化素质还不高，不学法、不懂法、不守法现象虽然较原来有所改变，但仍有相当一部分群众的法制观念仍很淡化，不懂、不愿借助法律来保护自身权益，这就极易受到不法的侵害，或极易进行违法犯罪活动，严重阻碍了全面建成小康社会和新农村步伐。

为此，根据党和政府的指示精神以及普法规划，特别是根据广大农村农民的现状，在有关部门和专家的指导下，特别编辑了这套《全国普法学习读本》。主要包括了广大人民群众应知应懂、实际实用的法律法规。为了辅导学习，附录还收入了相应法律法规的条例准则、实施细则、解读解答、案例分析等；同时为了突出法律法规的实际实用特点，兼顾地方性和特殊性，附录还收入了部分某些地方性法律法规以及非法律法规的政策文件、管理制度、应用表格等内容，拓展了本书的知识范围，使法律法规更"接地气"，便于读者学习掌握和实际应用。

在众多法律法规中，我们通过甄别，淘汰了废止的，精选了最新的、权威的和全面的。但有部分法律法规有些条款不适应当下情况了，却没有颁布新的，我们又不能擅自改动，只得保留原有条款，但附录却有相应的补充修改意见或通知等。众多法律法规根据不同内容和受众特点，经过归类组合，优化配套。整套普法读本非常全面系统，具有很强的学习性、实用性和指导性，非常适合用于广大农村和城乡普法学习教育与实践指导。总之，是全国全民普法的良好读本。

目　录

民政信访工作办法

国土资源信访规定

教育信访工作规定

科学技术部信访工作管理办法

国家体育总局信访工作办法

卫生信访工作办法

环境信访办法

保险信访工作责任制实施办法

共青团信访工作实施办法

民政信访工作办法

中华人民共和国民政部令

第 43 号

《民政信访工作办法》已经 2011 年 6 月 30 日民政部部务会议通过，现予公布，自 2011 年 9 月 1 日起施行。

民政部部长

二〇一一年七月一日

第一章 总 则

第一条 为了加强民政信访工作，保护信访人的合法权益，维护信访秩序，促进社会和谐稳定，根据《信访条例》和国家有关规定，结合民政工作实际，制定本办法。

第二条 本办法所称信访，是指公民、法人或者其他组织采取书信、电话、走访、电子邮件、传真等形式，向民政部门反映情况，提出建议、意见或者投诉请求，依法由民政部门处理的活动。

第三条 民政信访工作遵循下列原则：

（一）属地管理、分级负责；

（二）依法处理与疏导教育相结合。

第四条 各级民政部门应当成立民政信访工作领导小组，建立统一领导，各负其责、分工协作、齐抓共管的信访工作格局。

各级民政部门负责人应当阅批重要来信、接待重要来访、定期听取信访工作汇报，研究解决信访工作中的突出问题。

第五条 各级民政部门应当完善依法、科学、民主决策机制、重大决策社会风险评估机制、信访问题排查化解机制、信访督办工作机制，从源头上减少和预防社会矛盾的发生，及时将矛盾纠纷化解在基层。

第六条 各级民政部门应当强化对信访工作的考核，实行信访工作责任制，对信访工作中失职、渎职行为，依法追究有关责任人员的责任；对在信访工作中做出突出成绩的单位和个人给予奖励。

第二章　信访工作机构和人员

第七条 各级民政部门的信访工作机构负责落实信访工作领导小组布置的各项任务，承办日常信访工作。

地方各级民政部门在本级人民政府领导和上级民政部门指导下开展信访工作。

信访接待场所应当设置无障碍设施，方便残疾人、老年人进行信访活动。

第八条 各级民政部门内设机构应当按业务分工承办职权范围内的信访事宜。对本部门信访工作机构转办的信访事项，应当认真、及时办理，并在规定时限内回复办理结果。

第九条 民政信访工作机构履行下列职责：

（一）受理信访人提出的信访事项；

（二）向信访人宣传有关法律、法规、规章和政策，提供有关信访事项的咨询服务；

（三）向本级民政部门有关内设机构、下级民政部门转送、交办信访事项；

（四）承办上级民政部门和本级人民政府交办处理的信访事项；

（五）督促检查、协调信访事项的处理和落实情况；

（六）研究、分析信访情况，及时提出完善政策或者改进工作的建议；

（七）总结交流信访工作经验，指导下级民政部门的信访工作；

（八）向本级民政部门和上一级民政部门定期报送信访情况分析统计报告。

第十条 民政信访工作人员遵守下列规定：

（一）尊重信访人，不得刁难、歧视信访人；

（二）恪尽职守，秉公办事，依法及时处理信访事项，不得推诿、敷衍、拖延；

（三）妥善保管信访材料，不得丢失、隐匿或者擅自销毁；

（四）遵守保密制度，不得将信访人的检举、揭发材料及有关情况透露或者转给被检举、揭发的人员或者单位。

（五）与信访事项或者信访人有直接利害关系的，应当回避。

第十一条 各级民政部门应当重视对信访干部的培养、使用和交流。

民政信访工作人员享受本级人民政府的信访岗位津贴。

第三章 信访渠道

第十二条 民政部门应当在信访接待场所、本部门网站或者通过其他方式向社会公布下列事项：

（一）信访工作机构的通信地址、电子信箱、投诉电话、信访接待的时间和地点；

（二）本部门信访事项受理范围；

（三）与民政信访工作有关的法律、法规、规章和信访事项的处理程序；

（四）查询信访事项处理进展及结果的方式；

（五）其他为信访人提供便利的相关事项。

第十三条 建立设区的市、县两级人民政府民政部门负责人信访接待日制度，协调解决相关信访问题；对信访人反映的突出问题，可以约访信访人，并协调解决相关信访问题。

第十四条 各级民政部门应当定期下访，听取群众的意见和建议，建立健全民政舆情汇集和分析机制。

第十五条 各级民政部门应当充分利用现有政务信息网络资源，提高信访工作信息化水平，为信访人在当地提出信访事项、查询信访事项办理情况提供便利。

第十六条 各级民政部门应当建立有利于迅速解决矛盾纠纷的工作机制，可以邀请相关社会工作服务机构、法律援助机构等参与信访工作。

第四章 信访事项的受理

第十七条 民政信访工作机构收到信访事项后，应当进行登记。

登记内容包括：登记号、登记人、信访人姓名、性别、住址、收到信访事项的日期、信访事项摘要、联系方式。

第十八条 民政信访工作的受理范围根据同级人民政府规定的工作职能确定。

民政信访工作机构对信访事项，按下列方式处理：

（一）属于本级民政部门工作职能范围的信访事项，应当直接受理，并根据所反映问题的性质、内容确定办理机构；

（二）信访事项涉及下级民政部门的，应当转下级民政部门办理。对其中的重要信访事项，可以向下级民政部门进行交办，要求其在规定的期限内反馈结果，并提交办结报告；

（三）属于本级民政部门所属单位办理的信访事项，应当转送或者交办相关单位办理；

（四）已经或者依法应当通过诉讼、仲裁、行政复议等法定途径解决的信访事项，应当告知信访人依照有关法律、行政法规规定的程序向有关机关提出；

（五）依法不属于民政部门业务范围的事项，应当口头或者书面告知信访人向有权处理的人民政府或者部门提出。

第十九条 民政信访工作机构能够当场受理信访事项的，应当当场受理并出具受理通知；不能当场受理的，应当自收到信访事项之日起十五日内决定是否受理并书面告知信访人。对重复信访、信访人的姓名（名称）、住址不清楚的除外。

第二十条 民政信访工作机构应当建立信访事项处理预案。对可能造成社会影响的重大、紧急信访事项和信访信息，应及时向本级人民政府和上级民政部门报告，并在职责范围内采取措施，果断处理，防止不良影响的发生、扩大。

第五章 信访事项的办理和督办

第二十一条 各级民政部门对其办理的信访事项，应当依照国务院《信访条例》第三十二条的有关规定作出信访处理意见，并书面答复信访人。

第二十二条 民政信访工作机构对于以下情形，分别按照下列方式处理：

（一）信访事项已经解决并且信访人接受办理结果，经信访人签字同意，可以视同书面答复；

（二）多人提出共同信访事项的，可以对代表人作出答复；

（三）咨询及建议、意见类信访事项，可以口头或者书面答复。

第二十三条 信访事项应当自受理之日起 60 日内办结；情况复杂的，经本级民政部门负责人批准，可以适当延长办结期限，但延长期限不得超过 30 日，并应当告知信访人延期理由。

第二十四条 信访人对民政部门作出的信访事项处理意见不服的，可以依照《信访条例》和国务院有关规定申请复查或者复核。

收到复查或者复核请求的民政部门应当自收到复查或者复核请求之日起 30 日内提出复查或者复核意见，并书面答复信访人。

信访事项的办理、复查意见作出后，信访人无正当理由未在规定期限内提出复查、复核申请的，或者信访人对复核意见不服，仍以同一事实和理由提出投诉请求的，各级民政部门不再受理。

第二十五条 下级民政部门有下列情况之一的，上级民政部门应当督办，并提出改进建议：

（一）应当受理而拒不受理信访事项的；

（二）未按规定的办理期限办结信访事项的；

（三）未按规定程序办理信访事项的；

（四）未按规定反馈重要信访事项办理结果的；

（五）办理信访事项推诿、敷衍、拖延的；

（六）不执行信访处理意见或者复查、复核意见的；

（七）其他需要督办的情形。

收到督办意见和建议的机构应当在 30 日内书面反馈情况；未采纳督办意见和建议的，应当说明理由。

第二十六条 下级民政部门及其人员在信访工作中有推诿、敷衍、拖延、弄虚作假以及无正当理由拒不接受督办意见和建议等行为，造成严重后果的，上级民政部门可以依法建议有关部门对直接负责的主管人员和其他直接责任人员给予行政处分。

第二十七条 信访工作人员在信访接待场所发现信访人不遵守信访秩序，在信访过程中采取过激行为的，应当进行劝阻、批评或者教育；对拒不听从劝阻，可能导致事态扩大的，及时报请公安机关依法进行处置。

第六章 附 则

第二十八条 在信访事项办理过程中形成的文件、材料由信访工作机构按照档案管理的有关规定统一归档。

第二十九条 本办法自 2011 年 9 月 1 日起施行。1999 年 12 月 23 日民政部发布的《民政信访工作办法》同时废止。

附　录

民政信访事项网上办理工作规程（试行）

民政部办公厅关于印发《民政信访事项
网上办理工作规程（试行）》的通知
民办发〔2017〕22号

各省、自治区、直辖市民政厅（局），各计划单列市民
政局，新疆生产建设兵团民政局，各司（局），全国老
龄办，各直属单位：

《民政信访事项网上办理工作规程（试行）》已经
2017年第16次部长办公会议审议通过，现印发你们，
请结合实际遵照执行。

民政部办公厅
2017年8月4日

第一章　总　则

第一条　为深入推进民政信访事项网上办理工作规范化建
设，提高工作质量、效率和公信力，根据《信访条例》、《民政
信访工作办法》和《信访事项网上办理工作规程（试行）》
（国信发〔2015〕29号）等法规和政策规定，结合民政工作实

际，制定本规程。

第二条 本规程适用于通过全国民政信访信息系统登记、受理、办理的公民、法人或者其他组织以来信、来访、来电、网上信访等形式提出的信访事项。

本规程所称"各单位"，包括接入应用全国民政信访信息系统的各级地方民政部门和民政部机关各司局。

第三条 信访事项网上办理工作应当坚持以下原则：

（一）属地管理、分级负责，谁主管、谁负责，依法、及时、就地解决问题与疏导教育相结合；

（二）诉讼与信访分离；

（三）公开透明、便捷高效，方便群众、接受监督，公开为常态、不公开为例外。

第二章 工作职责

第四条 民政部信访办公室（人民建议征集办公室，以下简称部信访办）在信访事项网上办理工作中履行下列职责：

（一）登记、受理、转送、交办群众信访事项；

（二）承办、协调办理有关信访事项；

（三）指导、协调、督办信访事项网上办理工作；

（四）研究分析并定期通报信访事项网上办理情况，及时提出完善政策、解决问题的建议。

第五条 各单位负责承办部信访办通过全国民政信访信息系统转送、交办的信访事项。各省级民政部门负责督办本地区民政系统信访事项网上办理工作。

第六条 各单位应当指定机构并确定专人负责本地区、本单位信息系统运行维护工作，确保信访事项网上办理工作正常开展。

工作人员应当严格遵守各项工作纪律，及时办理信访事项，严禁以任何名义、任何形式删改信访数据，不得向无关人员提供信访信息及数据。

第三章　部信访办的登记和受理办理

第七条　部信访办收到通过来信、来访、来电、网上信访等形式提出的信访事项，均应登记录入全国民政信访信息系统。

第八条　登记时应当逐一录入信访人姓名（名称）、证件类型、证件号码、地址、身份、信访人数、信访目的、问题属地、内容分类、产生信访事项的原因等要素，详细录入主要诉求、反映的情况、提出的意见建议以及相应的事实、理由和信访过程等。

留有手机号码的信访事项，应当准确登记手机号码，以便向信访人提供查询码、告知或回复等。

对初次来信或来信人相同而所提信访事项不同的来信，须将原信扫描存入系统。

对采取走访或者来电形式的，应当认真听取来访或来电人的陈述，询问有关情况，并与来访或者来电人核实登记内容。

第九条　登记录入信访事项时，应当进行判重。如信访事项的信访人姓名、地址、反映的主要内容等信息与系统中已登记过的另一信访事项均相同，判定该信访事项为重复信访事项。

判重时，同一信访事项有多条记录的，选择登记准确、办理情况清楚、附件齐全的作为"相同信访事项"。关联的已登记事项有不规范或不齐全的，应当修改、完善相关项目和概况。

相关人员代信访人反映同一信访事项的，判定为信访人本人反映的重复信访事项。

第十条　根据民政职能及分级负责的原则，对下列信访事项予以受理（处理）：

（一）对民政部及其工作人员的职务行为反映情况，提出建议、意见，或者不服其职务行为的；

（二）信访人已向县、市、省级民政部门反映问题或信访事项已经受理，但未在规定期限内，收到处理（复查、复核）意见或处理（复查、复核）意见未落实的；

（三）其他按照法律法规规定应受理（处理）的。

第十一条　对下列不予（不再）受理的信访事项，应当在15日内告知、回复：

（一）依法不属于民政部门职权范围的，已经或者依法应当通过诉讼、仲裁、行政复议等法定途径的初次信访事项和未曾出具告知书的重复信访事项，应当出具不予受理告知，引导信访人向有关机关提出。

（二）根据反映的内容和有关地方民政部门在全国信息系统录入的情况判断属于不再受理的事项，应当出具不再受理告知。

（三）对内容表示不清晰、无法辨明具体诉求及咨询、感谢类信访事项，存档备查，有必要的可以告知信访人补充诉求，并应酌情做好告知、回复工作。

对来访提出的信访事项可以当场口头或书面告知不予（不再）受理情况。对属未依法逐级走访的，应告知信访人向依法有权处理的民政部门或者上一级机关提出。

第十二条　对下列初次信访事项，应当在5个工作日内区分不同情况，按下列方式办理：

（一）对申诉求决类信访事项，直接或通过下级民政部门信访工作机构转送有权处理单位办理。对其中的重要信访事项可以向下级民政部门进行交办，并通过全国民政信访信息系统及时跟踪办理情况，必要时可以要求承办单位提交办理情况报告；

（二）对意见建议类信访事项，直接或通过下级民政部门信访工作机构转送有权处理单位处理；

（三）对重大、紧急类信访事项，应当及时提出建议报请民政部信访工作领导小组决定。

第十三条 对重复信访事项，根据情况按下列方式办理：

（一）对同时向多个受信人提出同一信访事项的，原则上只办理、告知其中1件，其余存档备查；

（二）对正在办理期限内的、已有处理（复查）意见且正在复查（复核）期限内的，应当向信访人告知有关情况；

已告知过正在办理，或者已告知过不予（不再）受理，而信访人仍以同一事实和理由继续反映的，存档备查；

（三）对根据反映的内容和有关地方民政部门在系统录入的情况无法判断是否属于不予（不再）受理的，直接或者通过下级民政部门信访工作机构转送有权处理单位处理。

第十四条 对信访人提出的应当通过各种行政程序（包括行政确认、行政给付、行政许可、行政处罚等）分类处理的信访事项，属于民政部本级职权范围的，转送有权处理的工作机构按法定程序办理；属于下级民政部门职权范围的，直接或者通过下级民政部门信访工作机构转送有权处理的工作机构按法定程序办理。

对信访人提出的应当通过纪检监察举报途径处理的信访事项，按照纪检监察相关规定和干部管理权限，属于民政部本级干部管理权限范围的，直接转送有权处理的工作机构；不属于民政部本级干部管理权限范围的，应当向信访人告知有关情况，引导向有关纪检监察机关提出。

对信访人向民政部本级提出的申请行政复议、信息公开来信事项，直接转送有权处理的工作机构。

第四章　有权处理单位的受理办理

第十五条　省级民政部门收到转送信访事项后，应当在 5 个工作日内转本级业务工作机构或下级民政部门办理。有权处理的民政部门收到转送信访事项后，应当在 15 日内决定是否受理并告知信访人。决定受理的，应当在 60 日内办结；情况复杂的，经本机关负责人批准适当延长办理期限，但延长期限不得超过 30 日。

部内单位收到转送信访事项后，应当在 5 日内决定是否受理并出具受理（或不予受理）告知书，网上提交民政部信访工作机构进行程序性审核，并在民政部收到信访事项 15 日内将受理（或不予受理）告知文书加盖民政部信访专用章送达信访人。决定受理的，应当在受理之日起 60 日内办结；情况复杂的，经本单位负责同志批准适当延长办理期限，但延长期限不得超过 30 天，并需书面告知信访人。

第十六条　对诉求简单明了的信访事项，有权处理单位可决定适用简易办理。应当在收到信访事项之日起 3 个工作日内决定是否受理，受理之日起 10 个工作日内作出处理意见。除信访人要求出具纸质受理告知书或处理意见书的，可以当面口头或者通过信息网络、电话、手机短信等快捷方式告知信访人。告知答复情况应当录入全国民政信访信息系统。

第十七条　信访人提出复查（复核）申请的，复查（复核）部门审查后，应当出具《申请复查（复核）受理（不予受理）告知书》。受理的，应当自收到复查（复核）请求之日起 30 日内出具《信访事项复查（复核）意见书》。

第十八条　有权处理（复查、复核）单位向信访人出具的受理告知书、不予（不再）受理告知书、延期办理告知书、处理（复查、复核）意见书等，均应按期送达信访人，并将相关文书通过附件形式上传至全国民政信访信息系统。

有关送达要求参照《民事诉讼法》相关规定。

第十九条　对意见建议类信访事项，其中有利于完善政策、改进工作的，应研究回复信访人。

第五章　督查督办

第二十条　对交办、转送的信访事项，部信访办、省级民政部门信访工作机构应当通过全国民政信访信息系统及时检查承办单位办理情况，对下列情形予以督办：

（一）无正当理由未按规定期限受理或办结信访事项的；

（二）未按规定反馈信访事项办理结果的；

（三）未按规定程序办理信访事项的；

（四）办理信访事项推诿、敷衍、拖延的；

（五）不执行信访处理意见的或者复查、复核意见的；

（六）其他需要督办的情形。

督办可以通过网络督办、电话督办、实地督查等形式，提出改进建议，推动信访事项依法及时就地解决。

第二十一条　对群众反映强烈的突出信访事项、已有处理意见但信访人评价不满意或者仍不断重复信访且有正当理由的信访事项、需要督查的"三跨三分离"信访事项等，可以纳入实地督查范围。

第二十二条　下级民政部门及其工作人员在信访工作中有推诿、敷衍、拖延、弄虚作假以及无正当理由拒不接受督办意见和建议等行为，造成严重后果的，上级民政部门可以依法建议有关部门对直接负责的主管人员和其他直接责任人给予处分。

第二十三条 督查督办信访事项的结果，应当按规定的时限录入全国民政信访信息系统，实现资源共享。

第六章 公开和评价

第二十四条 全国民政信访信息系统初次登记受理的非涉密署名的求决类来信、来访、网上投诉事项纳入满意度评价范围。信访事项处理过程和办理结果应当在民政部网上信访平台向信访人公开，主动接受群众监督和评价。

公开内容包括：信访事项登记日期，分级转交日期，有权处理单位出具的受理告知书及日期、延长办理期限告知书及日期、处理（复查、复核）答复意见书及日期等。

第二十五条 对于纳入群众满意度评价的来信、来访事项，应当通过全国民政信访信息系统向信访人手机发送查询码，告知信访人凭查询码进行查询评价。

对纳入群众满意度评价的网上信访事项，信访人可以通过注册账户登录，查询评价。

第七章 附 则

第二十六条 全国老龄办、民政部直属单位的信访事项网上办理工作参照本规程执行。

第二十七条 本规程所称信访事项，不包含涉密内容的信访事项，涉密事项按相关规定办理。

第二十八条 本规程未明确规定的日期，均为自然日。

第二十九条 本规程自公布之日起施行。

国土资源信访规定

中华人民共和国国土资源部令

第 32 号

《国土资源信访规定》，已经 2005 年 12 月 29 日国土资源部第 2 次部务会议修订通过，现将修订后的《国土资源信访规定》公布，自 2006 年 3 月 1 日起施行。

国土资源部部长

2006 年 1 月 4 日

（2002 年 4 月 3 日国土资源部第 4 次部务会议通过；根据 2005 年 12 月 29 日国土资源部第 2 次部务会议修订）

第一章　总　则

第一条　为规范国土资源信访行为，维护国土资源信访秩序，保护信访人的合法权益，根据《信访条例》和国土资源管理法律、法规，制定本规定。

第二条　本规定所称国土资源信访，是指公民、法人或者其他组织采用书信、电子邮件、传真、电话、走访等形式，向国土资源管理部门反映情况，提出建议、意见或者投诉请求，依法由国土资源管理部门处理的活动。

本规定所称信访人，是指采用前款规定的形式，反映情况，提出建议、意见或者投诉请求的公民、法人或者其他组织。

第三条　国土资源信访工作应当遵循下列原则：

（一）属地管理、分级负责，谁主管、谁负责；

（二）畅通信访渠道，方便信访人；

（三）实事求是，有错必纠；

（四）依法、及时、就地解决问题与疏导教育相结合；

（五）坚持依法行政，从源头上预防导致国土资源信访事项发生的矛盾和纠纷。

第四条　上级国土资源管理部门应当定期对下级国土资源管理部门的信访工作绩效进行考核。

第五条　有下列情形之一的，有关的国土资源管理部门应当给予奖励：

（一）在国土资源信访工作中成绩显著的单位或者个人；

（二）信访人反映的情况，提出的建议、意见，对改进国土资源管理工作有重要贡献的。

第二章　信访工作机构和人员

第六条　县级以上国土资源管理部门应当按照有利工作、方便信访人的原则，确定负责信访工作的机构，配备与工作任务相适应的工作人员，设立接待场所，提供必要的工作保障。

第七条 国土资源信访工作人员应当熟悉国土资源法律、法规和政策，具有较丰富的群众工作经验，作风正派，责任心强，实事求是，廉洁奉公。

第八条 国土资源信访工作机构依法履行下列职责：

（一）受理、交办、转送国土资源信访事项；

（二）承办本级人民政府和上级国土资源管理部门交办的国土资源信访事项；

（三）协调处理重要国土资源信访事项；

（四）督促检查国土资源信访事项的处理；

（五）研究分析信访情况，开展调查研究，及时向本部门提出完善政策、解决问题和改进工作的建议；

（六）对下级国土资源管理部门的信访工作进行指导。

第九条 信访工作机构根据工作需要，可以参加会审会等有关会议，阅读相关文件，查阅、复制与信访事项有关的文件、凭证。

第十条 国土资源信访工作人员应当做到：

（一）全心全意为人民服务，严格依法行政；

（二）认真处理人民来信，热情接待群众来访，依法解答信访人提出的问题，耐心做好疏导工作，宣传国土资源法律、法规和有关方针、政策；

（三）保护信访人的隐私权利，不得将举报、控告材料、信访人姓名及其他有关情况透露或者转送给被举报、被控告的对象或者单位。

第十一条 国土资源信访工作人员享受本级人民政府或者上级国土资源管理部门有关的岗位津贴和卫生保健福利待遇。

第三章 信访渠道

第十二条 县级以上国土资源管理部门应当通过互联网或者发布公告等方式，向社会公开下列信访信息：

（一）信访工作机构的通信地址、电子信箱和投诉电话；

（二）信访接待的时间和地点；

（三）查询信访事项处理进展及结果的方式；

（四）与信访工作有关的法律、法规、规章；

（五）信访事项的处理程序；

（六）其他为信访人提供便利的相关事项。

第十三条 县级以上国土资源管理部门应当充分利用现有的政务信息网络资源，建立国土资源信访信息系统，实现与本级人民政府信访工作机构、上下级国土资源管理部门的互联互通，为信访人在当地提出信访事项、查询信访事项办理情况提供便利。

第十四条 国土资源信访工作机构应当将信访人的投诉请求输入信访信息系统。信访人可以持有关的国土资源管理部门出具的投诉请求受理凭证，到当地国土资源管理部门的信访接待场所查询其所提出的投诉请求的办理情况。

第十五条 县级以上国土资源管理部门应当建立健全信访工作制度。主要负责人应当阅批重要来信，接待重要来访，听取信访工作汇报，研究解决国土资源信访工作中的突出问题。

第十六条 市、县国土资源管理部门应当建立行政机关负责人信访接待日制度，由市、县国土资源管理部门负责人协调处理信访事项。信访人可以在市、县国土资源管理部门公布的信访接待日和接待地点，当面向市、县国土资源管理部门负责人反映信访事项。

县级以上国土资源管理部门的负责人或者工作人员，可以就信访人反映的突出问题到信访人居住地与信访人面谈沟通。

第四章　信访事项的提出

第十七条　信访人对国土资源管理部门及其工作人员的职务行为反映情况，提出建议、意见，或者不服国土资源管理部门及其工作人员的职务行为，可以向有关的国土资源管理部门提出信访事项。

对依法应当通过诉讼、仲裁、行政复议等法定途径解决的投诉请求，信访人应当依照有关法律、行政法规规定向有关机关提出。

第十八条　信访人提出国土资源信访事项，应当向依法有权处理的国土资源管理部门提出。

第十九条　信访人向国土资源管理部门提出信访事项，一般应当采取书信、电子邮件、传真等书面形式。信访人提出投诉请求的，还应当载明信访人的姓名(名称、住址和请求、事实、理由。

对采用口头形式提出投诉请求的，国土资源管理部门应当记录信访人的姓名（名称）、住址和请求、事实、理由。

第二十条　信访人采用走访形式向国土资源管理部门提出信访事项的，应当到国土资源管理部门设立、指定的接待场所提出；多人采用走访形式提出共同信访事项的，应当推选代表，代表人数不得超过五人。

第五章 信访事项的受理

第二十一条 县级以上国土资源管理部门收到信访人提出的信访事项，或者人民政府、人民政府的信访工作机构转送、交办的信访事项，应当进行登记。属于下列情形之一的，应当制作《国土资源信访事项告知书》，在十五日内书面告知信访人：

（一）已经或者依法应当通过诉讼、仲裁、行政复议等法定途径解决的信访事项，应当告知信访人依照有关法律、行政法规规定的程序向有关机关提出；

（二）属于各级人民代表大会及其常务委员会、人民法院、人民检察院职权范围内的信访事项，应当告知信访人分别向有关的人民代表大会及其常务委员会、人民法院、人民检察院提出；

（三）依法不属于国土资源管理部门职权范围内的信访事项，应当告知信访人向有权处理的部门或者人民政府提出。

信访人重复提起的信访事项仍在办理期限内的，信访工作机构可以不再书面告知信访人。

第二十二条 依照法定职责属于国土资源管理部门职权范围内的信访事项，有关国土资源管理部门应当按照"属地管理、分级负责，谁主管、谁负责"的原则，在十五日内分别按照下列方式处理：

（一）属于下级国土资源管理部门职权范围内的信访事项，制作《国土资源信访事项转送书》，直接转送有管辖权的下级国土资源管理部门。涉及下级国土资源管理部门负责人或者工作人员的信访事项，应当转送其上一级国土资源管理部门；

（二）属于上级国土资源管理部门职权范围内的信访事项，直接报送有管辖权的上级国土资源管理部门；

（三）情况重大、紧急，需要反馈办理结果的信访事项，制作《国土资源信访事项交办书》，直接交由有权处理的国土资源管理部门办理。有权处理的国土资源管理部门应当在指定办理的期限内，向交办的国土资源管理部门提交《国土资源信访事项办结报告》，反馈信访事项的办理结果；

（四）属于本部门职权范围内的信访事项，应当受理，不得推诿、敷衍、拖延，并制作《国土资源信访事项受理通知书》，书面告知信访人；

（五）信访事项已经受理或者正在办理的，信访人在规定期限内向受理、办理的国土资源管理部门的上级国土资源管理部门提出同一信访事项的，该上级国土资源管理部门制作《国土资源信访事项不予受理通知书》，书面告知信访人；

（六）信访人提出的信访事项属于征地补偿标准争议，有关人民政府已经或者正在依法进行裁决的，该国土资源管理部门制作《国土资源信访事项不予受理通知书》，书面告知信访人不予受理。

依照前款第（一）项至第（三）项规定，接到转送、交办信访事项的国土资源管理部门应当自收到《国土资源信访事项转送书》或者《国土资源信访事项交办书》之日起十五日内决定是否受理，并书面告知信访人。

第二十三条　上级国土资源管理部门应当定期向下级国土资源管理部门通报信访事项的转送、交办情况。下级国土资源管理部门应当定期向上一级国土资源管理部门报告转送、交办信访事项的办理情况。

第六章　信访事项的办理和督办

第二十四条　国土资源管理部门办理信访事项，应当听取信访人陈述事实和理由；必要时可以要求信访人、有关组织和人员说明情况；需要进一步核实有关情况的，可以向其他组织和人员调查。

第二十五条　对重大、复杂、疑难的信访事项，国土资源管理部门需要举行听证的，依照《国土资源听证规定》中依职权听证的程序进行。听证所需时间不计算在本规定第二十八条、第三十条和第三十一条规定的时限内。

第二十六条　国土资源管理部门对依法受理的信访事项，应当依照有关法律、法规、规章及其他有关规定，分别做出以下处理，并制作《国土资源信访事项处理意见书》，书面答复信访人：

（一）请求事实清楚，符合法律、法规、规章或者其他有关规定的，予以支持；

（二）请求事由合理但缺乏法律依据的，应当对信访人做好解释工作；

（三）请求缺乏事实根据或者不符合法律、法规、规章或者其他有关规定的，不予支持。

国土资源管理部门依照前款第（一）项规定，作出支持信访请求意见的，有关机关或者单位应当执行。

第二十七条　国土资源管理部门收到信访人提出的信访事项后，能够当场答复的，应当当场答复。

第二十八条　国土资源管理部门办理信访事项，应当自受理之日起六十日内办结。情况重大、复杂的，经本部门负责人批准，可以适当延长办理期限，但延长期限不得超过三十日，并告知信访人延期理由。

第二十九条 信访工作机构受理信访事项后，发现信访人就该信访事项又提起行政复议或者行政诉讼，有关部门已经受理的，信访工作机构可以决定终止办理。

第三十条 信访人对国土资源管理部门作出的信访事项处理意见不服的，可以自收到《国土资源信访事项处理意见书》之日起三十日内，请求同级人民政府或者上一级国土资源管理部门复查。原办理机关为省级国土资源管理部门的，按照国务院有关规定向省级人民政府请求复查。

收到复查请求的上一级国土资源管理部门应当自收到复查请求之日起三十日内，提出复查意见，并制作《国土资源信访事项复查意见书》，书面答复信访人。

第三十一条 信访人对国土资源管理部门的复查意见不服的，可以自收到《国土资源信访事项复查意见书》之日起三十日内，向复查机关的同级人民政府或者上一级国土资源管理部门请求复核。复查机关为省级国土资源管理部门的，按照国务院有关规定向省级人民政府请求复核。

收到复核请求的上一级国土资源管理部门应当自收到复核请求之日起三十日内提出复核意见，制作《国土资源信访事项复核意见书》，书面答复信访人。

第三十二条 上级国土资源管理部门发现下级国土资源管理部门有下列情形之一的，应当及时督办，并提出改进建议：

（一）未按规定的办理期限办结信访事项的；

（二）未按规定反馈信访事项办理结果的；

（三）未按规定程序办理信访事项的；

（四）不执行信访处理意见的；

（五）收到督办文书，未在规定期限内反馈办理情况的；

（六）其他需要督办的情形。

第三十三条 信访人对国土资源管理部门作出的复核意见不服，或者信访人在规定时限内未提出复查或者复核请求，仍然以同一事实和理由提出投诉请求的，有关国土资源管理部门应当制作《国土资源信访事项不再受理通知书》，书面告知信访人不再受理该信访事项。

第三十四条 国土资源管理部门出具的《国土资源信访事项处理意见书》、《国土资源信访事项复查意见书》、《国土资源信访事项复核意见书》、《国土资源信访事项不予受理通知书》和《国土资源信访事项不再受理通知书》，应当加盖国土资源管理部门印章。

第三十五条 县级以上国土资源管理部门应当建立和完善国土资源信访分析统计制度。下级国土资源管理部门应当向上级国土资源管理部门报送国土资源信访情况年度、季度分析报告。

国土资源信访情况分析报告应当包括以下内容：

（一）受理信访事项的数据统计；

（二）信访事项涉及的领域和地域；

（三）信访事项转送、交办、督办情况；

（四）信访事项反映出的国土资源管理工作中存在的主要问题以及解决问题的相关政策性建议；

（五）信访人提出的改进国土资源管理工作的建议及其被采纳情况。

第七章　信访秩序的维护

第三十六条 信访人提出信访事项，应当客观真实，对其所提供材料内容的真实性负责，不得捏造、歪曲事实，不得诬告、陷害他人。

第三十七条 县级以上国土资源管理部门应当成立处置群体上访事件应急组织并制订应急预案。

对可能造成社会影响的重大、紧急信访事项和信访信息，国土资源信访工作人员应当立即报告其部门负责人。有关国土资源管理部门负责人认为必要的，应当立即报告本级人民政府和上级国土资源管理部门，并在职责范围内依法及时采取有效措施，防止不良影响的产生和扩大。

第三十八条 信访人不遵守信访秩序，在信访过程中采取过激行为的，有关国土资源管理部门可以依法及时采取劝阻、批评、教育等措施；对拒不听从劝阻，可能导致事态扩大的，有关国土资源管理部门可以建议公安机关予以警告、训诫或者制止。

第八章 法律责任

第三十九条 县级以上国土资源管理部门超越或者滥用职权，不依法履行法定职责，适用法律、法规错误或者违反法定程序，侵害信访人合法权益的，或者拒不执行有关机关作出的支持信访请求意见的，依照《信访条例》第四十条的规定，依法追究法律责任。

第四十条 县级以上国土资源管理部门在办理信访事项过程中，有下列行为之一的，上级国土资源管理部门应当责令限期改正；造成严重后果的，对直接负责的主管人员和其他直接责任人员依法给予行政处分；构成犯罪的，依法追究刑事责任：

（一）对收到的信访事项不按规定登记的；

（二）对属于其法定职权范围内的信访事项不予受理的；

（三）未在规定期限内书面告知信访人是否受理信访事项的；

（四）推诿、敷衍、拖延信访事项办理或者未在法定期限内办结信访事项的；

（五）未在法定期限内将处理意见或者复查意见、复核意见书面答复信访人的；

（六）对事实清楚，符合法律、法规、规章或者其他有关规定的投诉请求未予以支持的；

（七）对重大、紧急信访事项和信访信息隐瞒、谎报、缓报，或者授意他人隐瞒、谎报、缓报的。

第四十一条 信访工作人员处理信访事项有下列情形之一的，依法给予行政处分：

（一）玩忽职守、徇私舞弊的；

（二）作风粗暴，激化矛盾并造成严重后果的；

（三）将信访人的检举、揭发材料或者有关情况透露给被检举、揭发的人员或者单位的。

第九章 附 则

第四十二条 本规定自 2006 年 3 月 1 日起施行。

教育信访工作规定

教育部关于印发《教育信访工作规定
（2007 年修订）》的通知
教办〔2007〕6 号

为进一步加强和规范教育信访工作，根据国务院
新修订的《信访条例》，我部重新修订了《教育信访工
作规定》，现印发给你们，请遵照执行。

教育部
二〇〇七年六月七日

第一章　总　　则

第一条　为了妥善处理人民群众来信来访，保障师生员工
和广大人民群众合法权益，规范信访行为，维护信访秩序，根
据《中共中央国务院关于进一步加强新时期信访工作的意见》
和国务院新修订的《信访条例》精神，结合教育系统工作实际，
制定本规定。

第二条 本规定所称教育信访事项，是指教职员工、学生、家长或其他组织和个人采用书信、电子邮件、传真、电话、走访等形式，向各级教育部门（包括各级教育行政部门和各级各类学校，下同）反映情况，提出建议、意见或投诉请求，按规定和职权范围需要由教育部门处理的事项。

第三条 教育信访工作应坚持"属地管理、分级负责，谁主管、谁负责，依法、及时、就地解决问题与疏导教育相结合"的原则，努力将信访问题解决在基层，把矛盾化解在萌芽状态。

第四条 各级教育部门应建立健全信访工作责任制，主要领导是本单位信访工作的第一责任人，对信访工作负总责，对重要信访事项要亲自推动解决。领导班子成员要认真坚持亲自批阅群众来信、定期接待群众来访、带案下访和包案处理信访问题等制度，定期听取信访工作汇报，研究解决信访工作中存在的问题，检查指导信访工作。

第二章　信访人

第五条 信访人，是指采用书信、电子邮件、传真、电话、走访等形式，向各级教育部门反映情况，提出意见、建议或投诉请求的教职员工、学生、家长或其他组织和个人。

第六条 信访人在进行信访活动时，应遵守国家法律法规和《信访条例》，自觉维护社会公共秩序和信访秩序。应依法、如实反映问题，不得损害国家和集体利益以及其他公民的合法权益，不得捏造、歪曲事实，不得诬告、陷害他人。

第七条 信访人采用走访形式向教育部门提出意见、建议或投诉请求时，应到教育部门设立或指定的接待场所提出，并按照分级受理的原则逐级进行。反映问题完毕后，应按要求尽快离开接待场所。

多人采用走访形式提出共同信访事项的，应推选代表，代表人数不得超过 5 人。走访人员的食宿、往返路费等费用自理。

第三章　信访工作机构

第八条　各级教育信访部门和信访干部代表本级教育部门和领导受理信访事项。

第九条　教育信访工作应在教育部党组的领导下开展。教育部由一名部领导分管信访工作，教育部办公厅主管信访工作，并设立教育部信访办公室，具体负责信访工作。

第十条　教育部机关各司局和直属各事业单位，应明确一名领导分管信访工作，并配备专兼职信访工作人员，负责受理信访事项。

第十一条　各省级教育行政部门、部直属各高校，应明确一名领导分管信访工作，设置信访工作机构，配备专兼职信访工作人员，负责信访工作。

第十二条　县、市级教育行政部门，应明确承担信访工作任务的机构或部门，并配备专兼职信访工作人员，负责处理信访事项。

第十三条　各级教育部门要加大对信访工作的投入，建设好信访接待场所，逐步改善信访部门的办公条件，要把信访工作各项办公经费列入财政预算，切实予以保证。

信访接待场所应具备卫生、办公和接待条件，要有安全保护设施。

第四章 信访工作职责

第十四条 教育部信访工作职责：

（一）贯彻执行党中央、国务院信访工作方针政策和决策部署，协助教育部领导指导、检查、督促省级教育行政部门、部直属高校和直属事业单位的信访工作；

（二）承办上级机关和领导交办的信访事项，协调处理部门之间涉及教育工作的信访问题以及应由教育部直接受理的信访事项；

（三）负责向下级教育部门交办、转办信访事项，并检查、协调、督促信访事项的落实情况；

（四）受理到教育部机关的信访事项；

（五）对部直属高校和直属事业单位处理的信访事项，信访人不服，提出复查（复核）的，进行复查（复核）；

（六）综合分析带有倾向性、苗头性和政策性的信访问题，对重大信访事项进行调查研究，并履行提出改进工作、完善政策、给予处分建议的职责；

（七）定期汇总并通报教育系统信访工作情况，及时向领导反映重要信访信息；

（八）组织开展信访工作业务培训和经验交流，总结和推广教育系统信访先进经验和先进事迹。

第十五条 省级教育行政部门信访工作职责：

（一）贯彻执行党中央、国务院、教育部党组和省级党委政府信访工作方针政策和决策部署；

（二）负责协调、指导、检查、督促本地区本系统信访工作，帮助所属单位和部门加强信访工作，组织开展信访工作业

务培训和经验交流;

（三）受理上级机关、领导交办的信访事项，受理到本部门的信访事项;

（四）对所属单位处理的信访事项，信访人不服，提出复查（复核）的，进行复查（复核）;

（五）及时处理突发事件和群体性上访事件，协助配合上级机关处理好赴省进京上访问题;

（六）定期分析研究本地区教育热点难点问题，及时上报重要信访信息。

第十六条 部直属高校和直属事业单位信访工作职责，参照省级教育行政部门信访工作职责执行。

第五章 信访干部

第十七条 各级教育部门要高度重视信访干部队伍建设，要选派政治坚定、纪律严明、办事公道、作风优良、熟悉政策法规、具备丰富群众工作经验和较强社会管理能力的干部从事信访工作。

第十八条 各级教育部门要加大信访干部的培养、教育、使用和交流力度，对政治素质好、业务能力强、工作业绩突出的，要予以重用;对长期从事信访工作、作出突出贡献的，要给予表彰和奖励。要积极为信访干部提供各种学习和培训的机会，要在政治上、工作上和生活上关心信访干部，切实解决信访干部的实际困难和问题。

信访干部应享受岗位健康津贴，津贴标准按当地政府规定执行。

第十九条 信访干部要认真学习邓小平理论和"三个代表"

重要思想，学习党的路线、方针、政策和国家的法律、法规，刻苦钻研业务，不断提高思想理论水平和业务素质。要切实增强政治意识、大局意识、责任意识和为民服务的宗旨意识，发扬务实作风，扎实做好新时期信访工作，切实维护群众的合法权益。

第二十条　信访干部职责：

（一）正确贯彻执行党的路线、方针、政策和国家的法律、法规；

（二）实事求是，坚持原则，廉洁奉公，尽职尽责；

（三）对群众满怀感情，热情接待，文明礼貌，周到服务；

（四）耐心倾听意见，答复问题明确，处理问题及时到位。

第二十一条　对信访干部不履行职责，不负责任，玩忽职守给工作造成损失的；丢失、隐匿或者擅自销毁信访人材料的；泄露国家机密和工作机密，将控告、检举材料转给或者透露给被控告人、被举报人的；徇私舞弊、索贿受贿以及有其他违法乱纪行为的，视情节轻重，由其主管机关给予批评教育或者行政处分；构成犯罪的，依法追究刑事责任。

第六章　信访问题的受理

第二十二条　各级教育信访部门应按照"属地管理、分级负责，谁主管、谁负责"的原则受理信访问题，属本部门职责范围的，直接受理；非本部门职责范围的，应及时向有关部门转办或交办。

第二十三条　对群众反映的信访问题，要做到"件件有着落、事事有回音"。政策法规有明确规定的，要依法按政策抓紧解决；对群众要求合理，但政策法规没有明确规定或规定不够完善的，要抓紧研究制定和完善政策法规；对群众提出的不合理要求，要进行说服教育、积极引导。要坚持依法按政策办事，不能突破政策法规规定。

第二十四条 对上级机关交办的或直接受理的信访事项，各级教育部门应当自收到、受理之日起 60 日内办结（上级交办的要报送结果）。情况复杂的，经本部门负责人批准，可以适当延长办理期限，但延长期限不得超过 30 日，并告知上级机关和信访人延期理由。

第二十五条 信访人对处理意见不服的，可以自收到书面答复之日起 30 日内，向原承办单位的上一级行政机关提出复查请求，上一级行政机关应当自收到复查请求之日起 30 日内提出复查意见，并书面答复信访人。

信访人对复查意见不服的，可以自收到书面答复之日起 30 日内，向复查单位的上一级行政机关提出复核请求，上一级行政机关应当自收到复核请求之日起 30 日内提出复核意见，并书面答复信访人。

信访人对复核意见不服，仍以同一事实和理由提出投诉请求的，不再受理。

第七章　附　则

第二十六条 各级教育部门可根据本规定，制订工作细则。

本规定自下发之日起实行。原以教办〔2004〕15 号文件印发的《教育信访工作规定》同时废止。本规定由教育部办公厅负责解释。

附 录

教育部信访工作责任制实施细则

教育部关于印发《教育部信访工作
责任制实施细则》的通知
教办〔2017〕7号

部内各司局、各直属事业单位、部属各高等学校：

为深入贯彻落实中共中央办公厅、国务院办公厅印发的《信访工作责任制实施办法》，结合实际做好新形势下的教育信访工作，压实信访工作责任，现将《教育部信访工作责任制实施细则》印发给你们，请遵照执行。

教育部

2017年9月22日

第一章 总 则

第一条 为进一步落实教育部内司局、直属事业单位、部属高等学校及其领导干部、工作人员信访工作责任，从源头上预防和减少信访问题发生，推动信访问题及时就地解决，依法维护群众合法权益，促进社会和谐稳定和教育事业健康发展，根据中共中央办公厅、国务院办公厅印发的《信访工作责任制实施办法》，结合教育信访工作实际，制定本实施细则。

第二条 本细则适用于教育部内司局、直属事业单位、部属高等学校。各省（区、市）教育厅（教委）、各计划单列市教育局、新疆生产建设兵团教育局参照执行。

第三条 落实教育部信访工作责任制，以邓小平理论、"三个代表"重要思想、科学发展观为指导，深入贯彻习近平总书记系列重要讲话精神，按照"属地管理、分级负责，谁主管、谁负责，依法、及时、就地解决问题与疏导教育相结合"的工作原则，综合运用督查、考核、惩戒等措施，依法规范信访工作职责，依法分类处理信访诉求，把信访突出问题处理好，把群众合理合法利益诉求解决好，确保中央关于信访工作决策部署贯彻落实。

第二章 责任内容

第四条 各单位领导班子要高度重视信访工作，将信访工作列入重要议事日程，纳入工作全局进行重点部署，结合实际情况每年至少一次专题研究信访工作，听取信访工作汇报，研判信访形势；应当科学、民主决策，依法履行职责，从源头上预防和减少导致信访问题的矛盾和纠纷。

各单位领导班子主要负责人是信访工作的第一责任人，领导班子其他成员根据分工实行"一岗双责"，对职权范围内的信访工作负主要领导责任，形成协调有序、运转顺畅、高效为民的信访工作领导体制。

各单位领导干部应当阅批群众来信，接待群众来访，继续坚持和完善领导接待日制度；在坚持定点接访的同时，可以带案下访、专题接访、主动约访，包案化解信访积案，直接处理重大疑难信访问题；对职权范围内发生的大规模集体访和突发性群体事件，应当第一时间赶赴现场，亲自指挥处理，及时化解矛盾、平息事态。

第五条　各单位要从人力物力财力上保证信访工作顺利开展。信访工作任务较重的单位应当按照有利工作、方便信访人的原则，设立信访工作机构或确定专人负责信访工作；工作力量与信访任务不相适应的，要予以保障，配齐配强工作力量。要完善激励机制，从政治上、工作上、生活上、心理上关心爱护信访干部，按规定给予必要的信访岗位补贴，支持信访干部参加学习培训，采取有效措施帮助解决实际困难和问题；对长期在信访岗位上工作的，要以适当的方式进行岗位交流，使信访干部流动起来，增强信访工作的生机活力。信访工作任务较重的直属事业单位和部属高等学校应当加大工作投入，进一步改善办公条件、设施设备和群众来访接待场所，努力营造整洁、有序、安全的工作环境。

第六条　各单位要切实采取措施，开展重大决策事项社会稳定风险评估，把社会稳定风险评估作为重大决策出台的前置程序和刚性门槛，对决策可能引发的各种风险进行科学预测、综合研判，在评估中要充分听取信访部门的意见。建立健全矛盾纠纷源头预防和化解机制，坚持经常排查和集中排查相结合，尤其是对群众反映强烈的教育热点难点问题，要进行重点排查并落实化解责任。

要充分利用网络新媒体，及时关注教育舆论导向。各单位要按照《教育部办公厅关于全面推进政务公开工作的实施意见》，推进教育政务阳光透明，扩大教育政务开放参与，规范办事行为，接受监督。

第七条　各单位要建立协调联动、深度融合的信访工作机制，针对具体问题明确责任归属，诉求合理的解决到位、诉求无理的思想教育到位、生活困难的帮扶救助到位、行为违法的依法处理，推动信访事项依法、及时、就地解决。

对于涉及两个或者两个以上单位的信访事项，由最先收到该信访事项的单位会同其他涉及的单位协商受理。

依法应当受理信访事项的单位分立、合并、撤销或者职权转移的，由继续履行其职权的单位受理。

第八条 各单位信访部门在党委和行政的统一领导下，协调、指导和监督本单位的信访工作，依照法定程序和诉讼与信访分离制度受理、交办、转送和督办信访事项，协调处理重要信访问题，分析研究信访情况，提出改进工作、完善政策和给予处分的建议。

坚持落实首问负责制，规范信访事项办理流程，明确工作职责，及时就地解决群众合理合法诉求，切实做好初信、初访工作，避免初信、初访转为重复信、重复访。应当按照《信访条例》规定的时间节点，完成信访事项的登记、受理、交办、转送、督办工作；应当按照教育部办公厅《重大、疑难来访接访规程》，做好通知、协调、记录、汇报工作，保障重大、疑难来访事项的及时、有效处理。严格执行教育领域通过法定途径分类处理信访投诉请求工作的相关规定，引导群众按照法定途径和程序，理性反映诉求。应当全程记录信访事项的处理情况，方便信访人查询和监督。

第九条 各单位工作人员在处理信访事项过程中，要进一步转变工作作风，遵守群众纪律，秉公办事、清正廉洁、保守秘密、热情周到，认真履行以下工作职责：

（一）依法按程序登记、受理、办理群众反映的信访事项，并做好疏导解释工作；

（二）认真办理领导批办、交办的信访工作事项，按规定上报办理情况；

（三）发生集体访、信访负面舆情或者因信访问题引发的个人极端事件时，及时处理并报告；

（四）向有关领导汇报重要信访事项和信访突出问题，提出加强和改进信访工作的意见建议。

工作人员与信访人或者信访事项有利害关系的，应当回避。

第三章　督查考核

第十条　各单位要将信访工作纳入督查范围，进一步加大督查工作力度，结合工作实际每年至少组织开展一次集中专项督查，并坚持专项督查与常态化督查相结合、信访部门督查与多部门联合督查相结合，创新方式方法，增强督查实效。各单位负责职能范围内信访事项的督查督办工作，重点督查政策落实、信访积案化解、重要信访事项处理等情况。

第十一条　各单位信访部门要建立"谁首次办理、谁跟踪督办"的督办工作责任制，及时检查承办部门办理情况，对下列情形予以督办：

（一）未按规定受理信访事项，或未出具受理告知书；

（二）未按规定办理信访事项，包括转送或交办不及时不准确，办理主体不适格，延期办理但未出具延期办理告知书等；

（三）未按规定反馈信访事项办理结果，包括未按期出具处理意见书，处理意见书格式不规范，处理意见未正面回应信访人诉求或避重就轻等；

（四）未履行送达职责；

（五）不执行信访处理意见；

（六）办理信访事项过程中存在推诿、敷衍、拖延或弄虚作假；

（七）其他需要督办的情形。

督办可以通过网络督办、电话督办、发函督办、约谈督办、实地督办等形式，提出改进建议，推动信访事项依法及时就地解决。

网络督办适用于未按规定受理、办理或办理不及时不规范的信访事项；电话督办适用于情况紧急需尽快办理、事项简单可简易办理的信访事项；发函督办适用于通过网络督办、电话督办仍未按期办结，或交办信访事项处理不到位的，以及重大信访事项确需发函的信访事项；约谈督办适用于通过网络督办、电话督办和发函督办仍未按期办结且需要当面沟通的信访事项；实地督办适用于交办、转送后相关单位长期没有结果，办结后群众仍继续信访或评价不满意、办理工作明显存在不落实、不到位的信访事项。

第十二条　教育部办公厅（教育部信访办公室）具体负责督查督办教育部领导和上级有关单位交办的信访事项，督查督办越级上访量大、重复信访多、热点难点信访问题突出的单位，协调指导省级教育部门信访督查督办工作。

第十三条　各单位应制定科学合理的考核评价标准和指标体系，将信访工作考核结果作为领导班子和领导干部综合考评的重要参考和干部选拔任用、集体及个人评比表彰奖惩的重要依据。

各单位组织人事部门在干部考察工作中，可根据需要听取信访部门意见，了解掌握领导干部履行信访工作职责情况。

第四章　责任追究

第十四条　各单位及其领导干部、工作人员不履行或者未能正确履行本细则所列责任内容，尚未造成不良影响的，责令改正；有下列情形之一的，应当追究责任：

（一）因决策失误、工作失职，损害群众利益，导致信访问题发生，造成严重后果的；

（二）未按照规定受理、交办、转送和督办信访事项，或者不执行信访事项处理意见，严重损害信访群众合法权益的；

（三）违反群众纪律，对应当解决的群众合理合法诉求消极应付、推诿扯皮，或者对待信访群众态度恶劣、简单粗暴，损害党群干群关系，造成严重后果的；

（四）对发生的集体访或者信访负面舆情处置不力，导致事态扩大，造成不良影响的；

（五）对信访部门提出的改进工作、完善政策和给予处分等建议重视不够、落实不力，导致问题长期得不到解决的；

（六）处理信访事项适用法律、法规错误或者违反法定程序的，处理决定违反法律、法规或者政策的；

（七）对可能造成社会影响的重大、紧急信访事项和信访信息，隐瞒、谎报、缓报，或者授意他人隐瞒、谎报、缓报的；

（八）违反规定将信访群众揭发控告材料或者有关情况透露、转给被揭发控告人或单位，造成信访群众被打击、报复、陷害尚不构成犯罪的；

（九）其他应当追究责任的失职失责情形。

对前款规定中涉及的集体责任，领导班子主要负责人和直接主管的负责人承担主要领导责任，参与决策和工作的班子其他成员承担重要领导责任，对错误决策或者行为提出明确反对意见而没有被采纳的，不承担领导责任；涉及的个人责任，具体负责的工作人员承担直接责任，领导班子主要负责人和直接主管的负责人承担领导责任。

第十五条　根据情节轻重，对各单位领导干部、工作人员进行责任追究采取通报、诫勉、组织调整或者组织处理、纪律处分的方式进行。上述追责方式，可以单独使用，也可以合并使用。

涉嫌违法犯罪的，按照国家有关法律规定处理。

第十六条　对具有本细则第十四条所列情形、情节较轻的，由有管理权限的单位或部门对相关责任人进行通报，责令作出书面检查，限期整改；必要时，可以约请相关责任人说明情况。

第十七条　对受到通报后仍未按期完成整改目标，或者具有本细则第十四条所列情形且危害严重以及影响重大的，由有管理权限的单位或部门对相关责任人进行诫勉，督促限期整改。同时，取消所在单位本年度评选综合性荣誉称号的资格。

第十八条　对受到诫勉后仍未按期完成整改目标，或者具有本细则第十四条所列情形且危害特别严重以及影响特别重大的，按照干部管理权限由纪检监察机关或组织人事部门对相关责任人采取停职检查、调整职务、责令辞职、降职、免职等组织调整或者组织处理措施。纪检监察机关、组织人事部门和信访部门在信访工作责任追究工作中，应当各司其职、密切配合，不定期召开会议通报情况。

第十九条　对在信访工作中失职失责的相关责任人，应当给予党纪政纪处分的，依法依纪追究责任。

第五章　附　则

第二十条　本细则由教育部办公厅负责解释。

第二十一条　本细则自印发之日起施行。此前发布的有关信访工作责任制的规定，凡与本细则不一致的，按照本细则执行。

科学技术部信访工作管理办法

关于印发《科学技术部信访工作管理办法》的通知

国科发办字〔2005〕452号

机关各厅、司、局，直属机关党委，各直属事业单位：

为确保《信访条例》的各项规定得到贯彻实施，确保我部各项信访事项按照规范化、制度化、科学化的要求得到妥善处理，根据国务院颁布的《信访条例》，并结合我部工作实际，对2003年制定的《科学技术部信访工作管理办法（试行）》进行修订后，现将《科学技术部信访工作管理办法》予以印发，请认真贯彻执行。

科学技术部

二○○五年十一月十日

第一章　总　则

第一条　为确保党中央、国务院关于信访工作的各项决策和部署得到贯彻执行，确保《信访条例》的各项规定得到贯彻实施，确保我部各项信访事项按照规范化、制度化、科学化的要求得到妥善处理，根据国务院颁布的《信访条例》，并结合我部具体工作实际，制定本办法。

第二条　信访工作是机关的一项日常性工作，是机关工作人员密切联系群众，了解社情民意，汲取群众智慧，改进机关作风的一个重要途径。

第三条　机关工作人员要以邓小平理论和"三个代表"重要思想为指导，树立和落实科学发展观，以构建社会主义和谐社会为己任，坚持党的群众路线，努力实践全心全意为人民服务的宗旨，自觉维护群众的合法权益。要以高度负责的态度，按照党和国家的方针、政策及有关规定认真做好信访工作。对政策许可范围内可以解决的问题，一定给予解决；暂时不能解决的问题，要说明情况，并做耐心细致的疏导教育工作，避免激化矛盾，切实处理好群众来信来访中的问题。

第四条　办理人民来信来访应遵循"属地管理、分级负责，谁主管、谁负责"的原则，要突出重点，兼顾一般，注重时效。

第五条　在处理来信来访中，既要严守国家秘密，又要注意保守来信来访中的秘密，适度掌握好知情范围。

第六条　遵守职业道德，保持人民来信邮票、邮戳、邮编、地址及信封内材料的完整。

第七条　办公厅是我部人民来信来访办理工作的归口管理部门；各司局、各直属事业单位要积极配合，按照《信访条例》和本规定的要求认真做好信访工作。

第八条　办公厅由一位厅领导负责部内信访工作，办公厅信访处（综合处）负责对我部人民来信（通过邮局、网络直接发送科技部，国家信访局及国务院其他部门转送科技部）的拆封、登记、批分、督办、查办等具体工作。各司局和各直属事业单位由一位司局级领导分管信访工作，司秘（综合处长）负责对本单位来信来访的登记、协调、督办、查办工作。

本办法所称"来信"，包括信件、电子邮件、传真、电报、汇款单、包裹单等。

第二章　办公厅信访事项的办理

第九条　对中共中央办公厅、国务院办公厅、全国人大办公厅、全国政协办公厅、国家信访局、国务院其他部门转交，以及领导同志作出批示的重要信访事项，由办公厅信访处统一登记后，填写"科技部人民来信处理单"，3日内报领导并根据领导批示办理。

第十条　对通过邮寄、部长信箱、电话、传真等渠道接到的信访事项，信访处要逐一登记，在收到信访事项之日起5日内按照以下方式处理：

（一）对直接能答复的一般性咨询性信访事项，信访处按照时限要求直接办理。

（二）对认为属于我部职能范围需要办理的信访事项，转部内相关单位办理。对需要反馈办理结果的重要信访事项，办公厅必须加附"科技部人民来信处理单"。

（三）对办公厅能够直接判断不属于科技部职权范围的信访事项，告知信访人向有权的机关提出，或转国务院其他部门、地方人民政府信访工作机构办理，同时告知来信人转信去向；对办公厅无法直接核定是否属于科技部职能范围的事项，转请部内相关单位核定。

（四）对已经或者依法应当通过诉讼、仲裁、行政复议等法定途径解决的，不予受理，但应当告知信访人依照法律、行政法规规定程序向有关机关提出。

（五）对已经按《信访条例》要求，经过复核终结的不再受理的来信，已回复的重复来信，无参考价值、内容不清的其他来信，一般按存信处理，不予办理。存信按地区、年份打包，定期销毁。

第三章　承办单位信访事项的办理

第十一条　对办公厅转交的加附"科技部人民来信处理单"的重要信访事项，按照以下程序办理：

（一）承办单位应在接到转办信访事项之日起10日内作出是否受理的决定并通告办公厅，由办公厅在15日内向信访人、国家信访局或其他转交信访事项的机关书面报告是否受理。自办公厅送达之日起10日内没有反馈意见的，视为同意受理；对确定不属于本单位受理的信访事项，请将转办件退办公厅信访处。

（二）对确定受理的重要信访事项，承办单位应根据办公厅填写的"科技部人民来信处理单"的要求，在60日内办结并将办理结果告办公厅信访处，由信访处直接书面告知信访人，并按照要求报告转办单位。情况复杂的，经承办单位领导批准，可适当延长办理期限，但延长期限不得超过30日，并告知办公厅信访处延期理由，由信访处负责告知信访人或转办单位。

（三）重要信访事项办理完毕后，承办单位应将有关资料交办公厅信访处立卷归档备查。

第十二条　对办公厅转送的没有加附"科技部人民来信处理单"的一般信访事项，按照以下程序办理：

（一）承办单位应自收到之日起 10 日内作出是否受理的决定，自办公厅送达之日起 10 日内没有反馈意见的，视为同意受理；对确定不属于本单位受理的信访事项，经与办公厅信访处协商，在 10 日内将转送件退办公厅信访处。

（二）对决定受理的信访事项，承办单位应在 15 日内直接告知信访人，并在作出受理决定后的 60 日内办结，同时告知信访人。

（三）对认为不属于本单位职能范围、但属于部内其他单位职能范围的信访事项，经与办公厅信访处协商后转交部内其他单位办理。新确定的承办单位应告知信访人受理决定，并在规定时限内办结。对需要部内多个单位共同办理的信访事项，由所涉及的单位协商受理；受理有争议的，由办公厅协调办理。

（四）对经本单位领导核定不属于科技部职能范围的信访事项，承办单位应直接告知信访人及办公厅信访处，由信访处转交其他有权处理的机关办理。

第四章　单位、个人收到的
信访事项的办理

第十三条　部内各单位直接收到的信访事项，应认真登记，并参照《信访条例》的有关要求办理。对属于职责范围内的信访事项应当受理，不得推诿、拖延；对于属于部内其他单位的信访事项，应与相关单位协商予以办理；对核定不属于科技部职能范围的信访事项，应当告知信访人向有权处理的机关提出。

第十四条　对通过邮局或其他渠道转交科技部部领导的人民来信，由领导秘书先行鉴别（送部党组的信，由党组秘书先行鉴别），对重要来信直接呈送部领导阅批，再根据领导批示办理；对不需直接呈报部领导、但需要办理的来信，领导秘书可直接办理或与信访处协商办理。

第十五条　其他机关工作人员个人收到的信访事项，要参照《信访条例》及本办法，妥善处理。

第十六条　信访人的姓名（名称）、住址不清的可以不予办理。

第五章　其他信访事项的办理

第十七条　对通过"公众问答"接收的一般性咨询事项，由信息中心直接办理；其他信访事项，信访处能办理的可从网上直接办理；不能办理的，根据机关各司局及直属单位的职能分工，转相关司局或直属单位办理。承办单位应在收到转办信件的5个工作日内通过网上办理。

第十八条　对涉及部机关、直属单位及其工作人员以及地方科技行政管理部门及其工作人员违纪问题的举报来信、来访，转监察局办理。

第十九条　对确属反动来信，呈有关领导阅后，转交公安部门处理。

第二十条　接待人民群众来访要耐心细致、认真负责，要坚持依法、及时、就地解决问题与疏导教育相结合的原则，对反映的问题按照"谁主管、谁负责"的原则，会同有关单位按照政策规定积极解决；对来访中反映的重要问题要及时向有关领导汇报；对上访中遇到的重大突发事件，按照《科学技术部处置突发群体性上访事件的预案》办理；对无理取闹的上访人员会同保卫部门妥善处理。

第二十一条　办公厅信访处每季度要对信访工作情况进行

归纳、总结，并通过适当方式在部内通报。对来信来访中反映出的带倾向性、苗头性问题要认真分析，并提出解决问题的建议。

第六章　奖　惩

第二十二条　根据《信访条例》，对在信访工作中表现突出的先进集体和个人进行表彰和奖励；对在信访工作中出现严重失误造成不良影响的单位或个人给予相应处分。

第七章　附　则

第二十三条　本办法由办公厅负责解释，自发布之日起施行，2003 年制定的《科学技术部信访工作管理办法（试行）》同时废止。

国家体育总局信访工作办法

关于印发《国家体育总局信访工作办法》的通知

各司、局，各直属单位：

为更好地贯彻落实《信访条例》，认真履行信访工作职责，在征求各司、局，各直属单位和国家信访局意见的基础上，依据《信访条例》有关规定，结合工作实际，总局制定了《国家体育总局信访工作办法》。现印发给你们，请遵照执行。

国家体育总局
二〇〇六年三月三日

第一章　总　则

第一条　为了保持同人民群众的密切联系，保护信访人的合法权益，维护信访工作秩序，加强国家体育总局（以下简称总局）信访工作建设，依据《信访条例》，结合总局实际，制定本办法。

第二条　本办法所称信访，是指公民、法人或者其他组织采用书信、电子邮件、电话、传真、走访等形式，向总局及所属各单位反映情况，提出建议、意见或者投诉请求，依法由总局及所属各单位处理的活动；人大、政府信访工作机构转送、交办总局，依法由总局及所属各单位处理的活动。

本办法所称信访人，是指采用上述形式，反映情况，提出建议、意见或者投诉请求的公民、法人或者其他组织。

本办法所称各单位，是指总局机关各司、局，各直属事业单位和相关单位。

第三条　信访工作应当遵循下列原则：

（一）畅通渠道，方便信访人的原则；

（二）属地管理、分级负责，谁主管、谁负责的原则；

（三）依法、及时、就地解决问题与疏导教育相结合的原则；

（四）统一领导，统筹兼顾，标本兼治的原则；

（五）信访工作责任法定的原则。

第四条　总局信访工作联席会议领导小组，负责总局系统信访工作的总体部署，协调处理涉及安全稳定的重大信访事项，协助总局领导处理重要信访工作。

第五条　总局信访工作办公室具体负责总局信访工作并履行下列职责：

（一）受理、交办、转送公民、法人或者其他组织向总局及所属各单位提出的信访事项；

（二）承办上级行政机关转送、交办的信访事项；

（三）协调处理涉及总局多个单位的重要信访事项；

（四）对转办、交办总局各单位处理的信访事项进行督查、督办；

（五）研究、分析信访情况，开展调查研究，及时、准确地向总局领导及相关单位反映信访信息；

（六）指导总局各单位的信访工作，及时研究解决工作中遇到的困难和问题。

第六条　各单位应当建立健全本单位信访工作组织，确立主要领导为信访工作第一责任人、分管领导为直接责任人的信访工作机制，并配备专（兼）职信访工作人员。

各单位信访工作组织履行下列职责：

（一）受理属于本单位职权范围内的信访事项；

（二）办理总局信访工作办公室转办、交办的信访事项；

（三）对办理的信访事项提出处理意见，答复信访人，并负责将办理结果报送总局信访工作办公室；

（四）接受总局信访工作办公室对本单位信访工作的督查、督办。

第七条　总局信访工作办公室向社会公布总局各级信访工作组织的通信地址、投诉电话、信访接待的时间和地点；充分利用信息网络资源，公布信访工作有关法律、法规及信访工作办理程序；建立相关的信访信息系统，为信访人提出信访事项、查询信访事项办理情况提供便利。

第二章　信访事项的提出

第八条　信访人对下列组织、人员的职务行为提出建议、意见，反映情况或者不服下列组织、人员的职务行为，可以向总局及所属单位提出信访事项：

（一）总局机关及其工作人员；

（二）由总局任命、委派的所属企、事业单位管理人员；

（三）总局所属各单位及其工作人员。

第九条 对依法应当通过诉讼、仲裁、行政复议等法定途径解决的投诉请求，信访人应当依照有关法律、行政法规的程序向有关机关提出。

第十条 信访人采用走访形式提出信访事项的，应当到总局及所属各单位设立或指定的接待场所提出；多人采用走访形式提出共同的信访事项的，应当推选代表，代表人数不得超过5人。

第十一条 信访人提出信访事项，应当按照《信访条例》的规定，客观真实地反映情况，对其所提供材料内容真实性负责，不得捏造、歪曲事实，不得诬告、陷害他人。

第十二条 信访事项已经由总局各单位信访工作组织受理或正在办理的，信访人在规定期限内向总局信访工作办公室再提出同一信访事项的，总局信访工作办公室不予受理；对已经或者依法应当通过诉讼、仲裁、行政复议等法律途径解决的，总局各级信访工作组织不予受理；信访人对复核意见不服，仍然以同一事实和理由提出投诉请求的，按照《信访条例》的规定，总局各级信访工作组织和其他行政单位不再受理。

第十三条 对信访人的下列行为，总局及所属各单位工作人员可视情节轻重对其进行劝阻、批评、教育，必要时可请公安机关协助，或移交公安机关处理：

（一）不按规定到指定的接待场所上访，或多人就同一信访事项进行走访的代表人数超过5人的；

（二）在总局机关或所属各单位办公场所周围非法聚集，围堵、冲击机关、单位，拦截公务车辆，或者堵塞、阻断交通的；

（三）反映的问题已按规定做了处理，或按规定不予受理并已告知信访人，信访人仍就同一问题提出诉求，经劝阻、教育无效，长期纠缠取闹，影响正常办公秩序的；

（四）在来访人中串联闹事、拦截、纠缠总局及所属单位有关领导的；

（五）携带危险物品、爆炸品、管制器具到接待场所或总局所属单位办公区域的；

（六）侮辱、殴打、威胁信访工作人员，或者非法限制他人人身自由的；

（七）在信访接待场所滞留、滋事，或者将生活不能自理的人弃留在信访接待场所的；

（八）影响正常办公秩序或扰乱公共秩序、妨害公共安全的其他行为。

第三章　信访事项的受理

第十四条　总局各级信访工作组织收到信访事项应当进行初审和登记。

（一）经初审，信访事项涉及总局所属单位或工作人员的，按照"属地管理、分级负责，谁主管、谁负责"的原则，由总局信访工作办公室直接转送总局有权处理的单位。有关单位应当自收到转送、交办信访事项之日起15日内决定是否受理并书面告知信访人，并按要求通报总局信访工作办公室。

（二）信访人直接向总局各级信访工作组织提出的信访事项，各级信访工作组织能够当场答复是否受理的，应当当场书面答复；不能当场答复的，应当自收到信访事项之日起15日内书面告知信访人。但是，信访人姓名（名称）、住址不清的除外。

（三）对符合受理条件的信访事项应按信访工作程序进行受

理，并在法定期限内将办理结果答复信访人，向总局信访工作办公室上交办理报告，同时做好信访材料的归档工作。

（四）对信访人提出的不属于总局或总局所属单位法定职权范围内的信访事项，应当告知信访人向有权处理的机关提出。信访人的姓名（名称）、住址不清的除外。

第十五条　总局及所属各单位及其工作人员办理信访事项，应当恪尽职守、秉公办事、查明事实、分清责任，宣传法制、教育疏导，及时妥善处理，不得推诿、敷衍、拖延。

信访工作人员与信访事项或者信访人有直接利害关系的，应当回避。

第十六条　总局各级信访工作组织办理信访事项，应当听取信访人陈述事实和理由；必要时可以要求信访人、有关组织和人员说明情况；需要进一步核实有关情况的，可以向其他组织和人员调查。

第十七条　总局各级信访工作组织对信访人提出的信访事项经调查核实，应当依照有关法律、法规或其他有关规定，分别做出以下处理，并书面答复信访人：

（一）请求事实清楚，符合法律、法规、规章或其他和有关规定的，予以支持；

（二）请求事由合理但缺乏法律依据的，应当对信访人做好解释工作；

（三）请求缺乏事实根据或者不符合法律、法规、规章或有关规定的，不予支持。

第十八条　信访事项应当自受理之日起60日内办结；情况复杂的，经总局信访工作联席会议领导小组批准，可以适当延长办理期限，但延长期限不得超过30日，并告知信访人延期理由。法律、行政法规另有规定的，从其规定。

第十九条 国家有关部门转送总局的信访事项，由总局信访工作办公室按照总局所属单位的职责权限交由有关单位办理。收到交办事项的单位，自收到交办事项之日起45日办理完毕，并将办理结果报总局信访工作办公室。不能按期办理完毕的，应向总局信访工作办公室说明情况。

总局信访工作办公室负责将有关单位的办理结果，在规定的办结期限（60天）内上报有关交办部门。

第二十条 信访人对总局各单位信访工作组织作出的信访事项处理意见不服，可以自收到书面答复之日起30日内请求总局信访工作办公室复查。收到复查请求的总局信访工作办公室应当自收到复查请求之日起30日内提出复查意见，并予以书面答复。

第二十一条 信访人对复查意见不服的，可以自收到书面答复之日起30日内向原复查单位的上一级行政机关请求复核。

第二十二条 总局各单位有下列情形之一的，总局信访工作办公室应当及时督办，并提出改进建议：

（一）无正当理由未按规定的办理期限办结信访事项的；

（二）未按规定反馈信访事项办理结果的；

（三）未按规定程序办理信访事项的；

（四）办理信访事项推诿、敷衍、拖延的；

（五）不执行信访处理意见的；

（六）其他需要督办的情形。

收到改进建议的单位应当在30日内书面反馈情况；未采纳改进建议的，应当说明理由。

第四章 奖励与处罚措施

第二十三条 各单位应当将信访工作绩效纳入工作人员年

终考核体系。对在信访工作中做出优异成绩的单位或者个人，给予奖励。

第二十四条 因超越或者滥用职权、应当作为而不作为、适用法律法规错误、违反法定程序等行为，侵害信访人合法权益，导致信访事项发生，造成严重后果的，对直接负责的主管人员和其他直接责任人员，依法给予行政处分，并在一定范围内予以通报；构成犯罪的，交有关机关依法追究刑事责任。

第二十五条 总局各级信访工作组织在受理信访事项过程中违反本办法规定，有下列情形之一的，由总局信访工作联席会议领导小组对其提出批评，并责令改正；造成严重后果的，对直接负责的主管人员和其他直接责任人员提出给予行政处分的建议：

（一）对收到的信访事项不按规定登记、转送、交办或者应当履行督办职责而未履行的；

（二）对属于法定职权范围的信访事项未予受理的；

（三）有权处理信访事项的单位未在规定期限内书面告知信访人是否受理信访事项的。

第二十六条 总局各级信访工作人员，在办理信访事项中有下列行为之一的，由总局信访工作联席会议领导小组责令其改正，并提出给予行政处分的建议：

（一）对在信访工作中推诿、敷衍、拖延，或未在法定期限内办结信访事项的；

（二）违反规定将信访人的检举、揭发材料及有关情况透露或者转给被检举、揭发的人员或单位的。

第二十七条 对可能造成社会影响的重大、紧急信访事项和信访信息，隐瞒、谎报、缓报，或者授意他人隐瞒、谎报、缓报，造成严重后果以及打击报复信访人的，由总局信访工作联席会议领导小组对直接负责的主管人员和其他直接责任人员提出给予行政处分或者纪律处分的建议；构成犯罪的，交有关机关依法追究刑事责任。

第二十八条 总局所属单位发生职工群众越级上访或集体上访的，总局信访工作办公室应通知涉事单位派人协助工作。涉事单位领导必须组织有关人员及时到现场将上访人员劝返，并做好疏导教育工作。

对无故不到现场，不认真履行职责，推诿、拖延，处置不力，造成严重后果的，依据有关规定追究责任。

第五章 附 则

第二十九条 本办法自发布之日起施行。1998 年印发的《国家体委处理人民群众来信来访工作细则》（体办字〔1998〕029 号）同时废止。

卫生信访工作办法

中华人民共和国卫生部令

第 54 号

《卫生信访工作办法》已于 2006 年 11 月 30 日经卫生部部务会议讨论通过，现予以发布，本办法自发布之日起施行。

卫生部部长

二〇〇七年二月十六日

第一章 总 则

第一条 为保障公民、法人和其他组织的合法权益，规范卫生信访工作和信访行为，维护信访秩序，根据《信访条例》和有关法律、法规的规定，结合卫生工作实际，制定本办法。

第二条 本办法所称卫生信访，是指公民、法人或其他组织采用信函、电话、传真、电子邮件、走访等形式，向卫生行政部门反映情况，提出意见、建议或者投诉请求，依法由卫生行政部门处理的活动。

第三条 处理卫生信访事项应当坚持下列原则：

（一）属地管理，分级负责，谁主管、谁负责；

（二）依法、及时、公正、就地解决；

（三）处理实际问题与疏导教育、法制宣传相结合。

第四条 各级卫生行政部门应当畅通信访渠道，倾听群众意见、建议和要求，为群众提出信访事项提供便利条件，接受人民群众的监督。

第五条 地方各级卫生行政部门的信访工作，应当在当地人民政府领导和上级卫生行政部门指导下开展工作，要建立健全卫生信访工作制度，落实信访工作责任制。

第六条 各级卫生行政部门要有一名领导主管信访工作。领导干部应当阅批重要群众来信，接待重要来访，定期听取卫生信访工作汇报，研究解决卫生信访工作中的突出问题。

第七条 各级卫生行政部门应当建立处理卫生信访突发事件及群体性上访事件应急处置机制，及时、有效处理好重大卫生信访事项。

第八条 信访人进行卫生信访活动，应当遵守法律、法规和政策的规定，自觉遵守社会公共秩序和卫生信访秩序，不得损害国家、集体的利益和其他公民的合法权益。

第九条 各级卫生行政部门应当建立信访工作目标管理考核评价制度。对卫生信访工作成绩突出的单位和信访工作人员，应当给予表彰和奖励。

卫生行政部门负责人和信访工作人员在信访工作中违反规定的，按照《信访条例》的有关规定处理。

第二章　机构与职责

第十条　各级卫生行政部门应当确定信访工作机构，配备与工作任务相适应的专（兼）职信访工作人员，负责卫生信访工作。

第十一条　卫生信访工作人员应当具备政治坚定、作风正派、廉洁奉公、责任心强、身体健康等基本条件，还应当具有一定的政策水平和法律、医疗卫生知识。

第十二条　卫生信访工作机构的职责：

（一）办理人民群众来信，接待人民群众来访；

（二）受理、承办、交办、转送、督办信访事项；

（三）组织或者参与协调处理重要信访事项和应急处置卫生信访突发事件；

（四）调查、分析、研究信访情况，提供卫生信访信息，提出改进工作的意见和建议；

（五）做好卫生信访工作的信息统计，定期上报信访统计数据；

（六）向信访人宣传与卫生信访事项有关的法律、法规、规章和政策，提供咨询服务；

（七）法律、法规规定的其他职责。

第十三条　上级卫生行政部门应当对下级卫生行政部门的信访工作进行检查、指导，定期对信访工作人员进行培训。

第十四条　各级卫生行政部门可以根据卫生信访工作的实际需要，组织相关社会团体和相关专业人员共同参与，运用咨询、教育、协商、调解、听证等方法，依法、及时、合理处理信访人的信访请求。

第十五条　各级卫生行政部门应当向社会公布其信访工作机构的通信地址、电子信箱、投诉电话、信访接待的时间和地点、查询信访事项处理进展及结果的方式等相关事项；在信访接待场所或者网站公布与信访工作相关的法律、法规、规章，卫生信访事项的处理程序，以及其他为信访人提供便利的相关事项。

第十六条　市（地）级和县级卫生行政部门应当建立行政机关负责人信访接待日制度，由卫生行政机关负责人协调处理信访事项。信访人可以在公布的接待日和接待地点向卫生行政机关负责人当面反映信访事项。

各级卫生行政部门负责人或者其指定的人员，可以就信访人反映的问题到信访人居住地与信访人面谈沟通。

第十七条　各级卫生行政部门应当充分利用现有政务信息网络资源，建立卫生信访信息系统，为信访人在当地提出信访事项、查询信访事项办理情况提供便利。

第十八条　卫生信访工作人员在信访工作中，应当遵守下列规定：

（一）坚持原则，依法办事，客观公正，廉洁自律；

（二）文明接待，尊重信访人，不得扣压信访材料，不得推诿、敷衍、拖延；

（三）遵守保密制度，尊重信访人的隐私，不得公开、泄露举报人的姓名和举报内容，不得将检举、揭发材料及有关情况透露或者转送给被检举、揭发的人员或者单位。

第十九条　卫生信访工作所需经费在本部门公用经费中统筹解决。

第三章　信访事项的受理

第二十条　各级卫生行政部门信访工作机构收到信访事项，

应当予以登记，并区分情况，在 15 日内分别按下列方式处理：

（一）对依法应当通过诉讼、仲裁、行政复议解决的卫生信访事项，应当告知信访人向司法机关、仲裁机构、行政复议机关提出；对已经进入诉讼、仲裁、行政复议程序的卫生信访事项，应当告知信访人依照法律规定的程序提出；

（二）对依照法定职责属于本级卫生行政部门处理决定的信访事项，应当按规定时限依法办理；

（三）属于本级行政部门所属单位办理的信访事项，应当及时交办或转送相关单位依法办理；

（四）信访事项涉及下级卫生行政部门、所属单位或其工作人员的，按照"属地管理、分级负责、谁主管、谁负责"的原则，直接转送有权处理的卫生行政部门或者单位办理；

（五）信访事项涉及检举、揭发内容或其他部门职责的，依法转送纪检、监察或有权处理的行政部门办理。

第二十一条 各级卫生行政部门信访工作机构在收到信访事项后，能够当场答复是否受理的，应当当场书面答复；不能当场答复的，应当自收到信访事项之日起 15 日内书面告知信访人。但是，信访人的姓名（名称）、住址不清的除外。

第二十二条 卫生行政部门对下列信访事项应当及时向信访人说明情况，告知信访人相关处理规定和有关解决渠道：

（一）信访事项已经受理或者正在办理的，信访人在规定期限内向受理、办理机关的上级卫生行政部门再提出同一信访事项的；

（二）对卫生专业技术鉴定机构作出的医疗事故技术鉴定、职业病诊断鉴定、预防接种异常反应鉴定、母婴保健医学技术鉴定和精神疾病司法鉴定等技术鉴定结论不服，要求重新鉴定的；

（三）医患纠纷已经双方当事人书面协议解决的；

（四）对已经或者依法应当通过诉讼、仲裁、行政复议等法定途径解决的；

（五）非法行医造成患者身体健康损害要求赔偿的；

（六）法律法规规定的其他不予受理情形的。

第四章　办理与督办

第二十三条　各级卫生行政部门办理信访事项，应当遵守下列规定：

（一）对信访人来信进行登记、处理；核对来访人的有效证件，指导来访人填写登记表；

（二）对本部门有权作出处理决定的卫生信访事项，依法办理并告知信访人；

（三）对不属于本部门职责范围的信访事项，转送有权处理的部门办理；

（四）对反映重要情况、重要建议或紧急问题的越级卫生信访事项，受理部门可以采取紧急处置措施。

第二十四条　对事实清楚，符合法律、法规、规章、政策的卫生信访事项，应当及时予以解决；对请求事由合理，但缺乏法律、法规、规章、政策依据的，应当根据实际情况妥善处理；对缺乏事实根据，不符合法律、法规、规章、政策的，做好政策解释和思想疏导工作。

第二十五条　卫生行政部门办理信访事项，应当自受理之日起 60 日内办结，并出具处理意见书，送达信访人；情况复杂的，经本部门负责人批准，可以适当延长，并告知信访人延期理由，但延长期限不得超过 30 日。

要求反馈办理结果的信访事项，应当在办理完结后及时反馈。反馈的结案材料，应当经本部门领导审核签发。

第二十六条 信访人对卫生行政部门作出的信访事项处理意见不服的，可以自收到书面答复之日起 30 日内请求原办理部门的上一级卫生行政部门复查。收到复查请求的卫生行政部门应当自收到复查请求之日起 30 日内提出复查意见，并予以书面答复。

信访人对复查意见不服的，可以自收到书面答复之日起 30 日内向复查部门的上一级卫生行政部门请求复核。收到复核请求的卫生行政部门应当自收到复核请求之日起 30 日内提出复核意见。

复核部门可以按照规定举行听证，经过听证的复核意见可以依法向社会公示。听证所需时间不计算在前款规定的期限内。

信访人对复核意见不服，仍然以同一事实和理由提出投诉请求的，卫生行政部门不再受理。

第二十七条 信访事项的办理结果和复查、复核意见，应当包括对信访事项的处理意见或者决定，以及相应的理由和依据等。

第二十八条 对重大、疑难、复杂信访事项，必要时可以举行听证会。地方各级卫生行政部门举行听证会应当按照省级人民政府规定的程序举行。

第二十九条 对承办的重大、紧急、特殊卫生信访事项，应当在要求期限内将办理结果报告交办部门；不能按期办结的，应当向交办部门说明原因。

交办部门认为对交办的信访事项办理不当的，可以要求承办部门重新办理，也可以直接办理。重新办理、直接办理的期限一般不得超过 30 日。

第三十条　卫生信访工作人员在办理信访事项时，与信访人或者信访事项有利害关系，可能影响案件公正处理的，应当回避。

第三十一条　卫生行政部门应当建立信访事项督查督办工作机制，对超过交办时限的信访事项应当进行督查督办。

督办主要采取电话督办、书面督办、约谈督办、实地督办和联合督办等方式。督办过程中，应当听取下级卫生行政部门的情况介绍，核实情况，查阅有关资料，听取信访人的陈述和意见。

第三十二条　在督查督办工作过程中，发现下级卫生行政部门或者所属单位有下列情形之一的，应当提出督办的意见和建议：

（一）无正当理由未按规定期限办结卫生信访事项的；

（二）未按规定反馈卫生信访事项办理结果的；

（三）未按规定程序办理卫生信访事项的；

（四）办理卫生信访事项推诿、敷衍、拖延的；

（五）不执行信访处理意见的；

（六）其他需要督办的情形。

收到督办意见和建议的卫生行政部门或者所属单位应当在30日内书面反馈情况；未采纳督办意见和建议的，应当说明理由。

第三十三条　各级卫生行政部门对信访人反映的有关卫生政策性问题，应当及时向上一级卫生行政部门报告，并提出完善政策、解决问题的建议。

第三十四条　在督查督办过程中，上级卫生行政部门发现下级卫生行政部门或所属单位工作人员在信访工作中推诿、敷衍、拖延、弄虚作假造成严重后果的，可以向下级卫生行政部门或者所属单位提出给予行政处分的建议。

第三十五条 信访工作人员在接待场所发现来访人有自杀、自残和其他过激行为，或者侮辱、殴打、威胁信访工作人员的行为，应当及时采取相应措施，并通知当地公安机关到现场处置。

第三十六条 卫生信访工作机构对需归档的信访资料，应当按档案管理规定存档；暂存备查的信访材料不得丢失、隐匿或者擅自销毁。对留存的群众来信保存期限为1年，来访登记材料保存期限为5年。

第五章 附 则

第三十七条 医疗卫生机构以及其他卫生事业单位、有关社会团体的卫生信访工作参照本办法执行。

第三十八条 本办法自发布之日起施行。1993年6月29日卫生部发布的《卫生部门信访工作办法》、1996年11月4日卫生部发布的《群众逐级走访和卫生部门分级受理管理办法》同时废止。

环境信访办法

中华人民共和国国家环境保护总局令

第 34 号

《环境信访办法》已经国家环境保护总局 2006 年第 5 次局务会议通过,现予发布,自 2006 年 7 月 1 日起施行。原国家环境保护局 1997 年 4 月 29 日发布的《环境信访办法》同时废止。

二〇〇六年六月二十四日

第一章 总 则

第一条 为了规范环境信访工作,维护环境信访秩序,保护信访人的合法环境权益,根据《信访条例》和环境保护有关法律、法规,制定本办法。

第二条 本办法所称环境信访是指公民、法人或者其他组织采用书信、电子邮件、传真、电话、走访等形式,向各级环境保护行政主管部门反映环境保护情况,提出建议、意见或者投诉请求，依法由环境保护行政主管部门处理的活动。

采用前款规定形式，反映环境保护情况，提出建议、意见或者投诉请求的公民、法人或者其他组织，称信访人。

第三条　各级环境保护行政主管部门应当畅通信访渠道，认真倾听人民群众的建议、意见和要求，为信访人采用本办法规定的形式反映情况，提出建议、意见或者投诉请求提供便利条件。

各级环境保护行政主管部门及其工作人员不得打击报复信访人。

第四条　环境信访工作应当遵循下列原则：

（一）属地管理、分级负责，谁主管、谁负责，依法、及时、就地解决问题与疏导教育相结合；

（二）科学、民主决策，依法履行职责，从源头预防环境信访案件的发生；

（三）建立统一领导、部门协调，统筹兼顾、标本兼治，各负其责、齐抓共管的环境信访工作机制；

（四）维护公众对环境保护工作的知情权、参与权和监督权，实行政务公开；

（五）深入调查研究，实事求是，妥善处理，解决问题。

第五条　环境信访工作实行行政首长负责制。各级环境保护行政主管部门负责人应当阅批重要来信、接待重要来访，定期听取环境信访工作汇报，研究解决环境信访工作中的问题，检查指导环境信访工作。

第六条　各级环境保护行政主管部门应当建立健全环境信访工作责任制，将环境信访工作绩效纳入工作人员年度考核体系。对环境信访工作中的失职、渎职行为，按照有关法律、法规和本办法，实行责任追究制度。

第七条　信访人检举、揭发污染环境、破坏生态的违法行为或者提出的建议、意见，对环境保护工作有重要推动作用的，环境保护行政主管部门应当给予表扬或者奖励。

对在环境信访工作中做出优异成绩的单位或个人，由同级或上级环境保护行政主管部门给予表彰或者奖励。

第二章　环境信访工作机构、
工作人员及职责

第八条　按照有利工作、方便信访人的原则，县级环境保护行政主管部门应当设立或指定环境信访工作机构，配备环境信访工作专职或兼职人员；各省、自治区和设区的城市环境保护行政主管部门应当设立独立的环境信访工作机构。

各级环境保护行政主管部门应当加强环境信访工作机构的能力建设，配备与环境信访工作相适应的工作人员，保证工作经费和必要的工作设备及设施。

各级环境保护行政主管部门的环境信访工作机构代表本机关负责组织、协调、处理和督促检查环境信访工作及信访事项的办理，保障环境信访渠道的畅通。

第九条　各级环境保护行政主管部门应当选派责任心强，熟悉环境保护业务，了解相关的法律、法规和政策，有群众工作经验的人员从事环境信访工作；重视环境信访干部的培养和使用。

第十条　环境信访工作机构履行下列职责：

（一）受理信访人提出的环境信访事项；

（二）向本级环境保护行政主管部门有关内设机构或单位、下级环境保护行政主管部门转送、交办环境信访事项；

（三）承办上级环境保护行政主管部门和本级人民政府交办处理的环境信访事项；

（四）协调、处理环境信访事项；

（五）督促检查环境信访事项的处理和落实情况，督促承办机构上报处理结果；

（六）研究、分析环境信访情况，开展调查研究，及时向环境保护行政主管部门提出改进工作的建议；

（七）总结交流环境信访工作经验，检查、指导下级环境保护行政主管部门的环境信访工作，组织环境信访工作人员培训；

（八）向本级和上一级环境保护行政主管部门提交年度工作报告，报告应当包括环境信访承办、转办、督办工作情况和受理环境信访事项的数据统计及分析等内容。

第三章 环境信访渠道

第十一条 各级环境保护行政主管部门应当向社会公布环境信访工作机构的通信地址、邮政编码、电子信箱、投诉电话，信访接待时间、地点、查询方式等。

各级环境保护行政主管部门应当在其信访接待场所或本机关网站公布与环境信访工作有关的法律、法规、规章，环境信访事项的处理程序，以及其他为信访人提供便利的相关事项。

第十二条 地方各级环境保护行政主管部门应当建立负责人信访接待日制度，由部门负责人协调处理信访事项，信访人可以在公布的接待日和接待地点，当面反映环境保护情况，提出意见、建议或者投诉。

各级环境保护行政主管部门负责人或者其指定的人员，必要时可以就信访人反映的突出问题到信访人居住地与信访人面谈或进行相关调查。

第十三条　国务院环境保护行政主管部门充分利用现有政务信息网络资源，推进全国环境信访信息系统建设。

地方各级环境保护行政主管部门应当建立本行政区域的环境信访信息系统，与环境举报热线、环境统计和本级人民政府信访信息系统互相联通，实现信息共享。

第十四条　环境信访工作机构应当及时、准确地将下列信息输入环境信访信息系统：

（一）信访人的姓名、地址和联系电话，环境信访事项的基本要求、事实和理由摘要；

（二）已受理环境信访事项的转办、交办、办理和督办情况；

（三）重大紧急环境信访事项的发生、处置情况。

信访人可以到受理其信访事项的环境信访工作机构指定的场所，查询其提出的环境信访事项的处理情况及结果。

第十五条　各级环境保护行政主管部门可以协调相关社会团体、法律援助机构、相关专业人员、社会志愿者等共同参与，综合运用咨询、教育、协商、调解、听证等方法，依法、及时、合理处理信访人反映的环境问题。

第四章　环境信访事项的提出

第十六条　信访人可以提出以下环境信访事项：

（一）检举、揭发违反环境保护法律、法规和侵害公民、法人或者其他组织合法环境权益的行为；

（二）对环境保护工作提出意见、建议和要求；

（三）对环境保护行政主管部门及其所属单位工作人员提出批评、建议和要求。

对依法应当通过诉讼、仲裁、行政复议等法定途径解决的投诉请求，信访人应当依照有关法律、行政法规规定的程序向有关机关提出。

第十七条 信访人的环境信访事项，应当依法向有权处理该事项的本级或者上一级环境保护行政主管部门提出。

第十八条 信访人一般应当采用书信、电子邮件、传真等书面形式提出环境信访事项；采用口头形式提出的，环境信访机构工作人员应当记录信访人的基本情况、请求、主要事实、理由、时间和联系方式。

第十九条 信访人采用走访形式提出环境信访事项的，应当到环境保护行政主管部门设立或者指定的接待场所提出。多人提出同一环境信访事项的，应当推选代表，代表人数不得超过5人。

第二十条 信访人在信访过程中应当遵守法律、法规，自觉履行下列义务：

（一）尊重社会公德，爱护接待场所的公共财物；

（二）申请处理环境信访事项，应当如实反映基本事实、具体要求和理由，提供本人真实姓名、证件及联系方式；

（三）对环境信访事项材料内容的真实性负责；

（四）服从环境保护行政主管部门做出的符合环境保护法律、法规的处理决定。

第二十一条 信访人在信访过程中不得损害国家、社会、集体的利益和其他公民的合法权利，自觉维护社会公共秩序和信访秩序，不得有下列行为：

（一）围堵、冲击环境保护行政机关，拦截公务车辆，堵塞机关公共通道；

（二）捏造、歪曲事实，诬告、陷害他人；

（三）侮辱、殴打、威胁环境信访接待人员；

（四）采取自残、发传单、打标语、喊口号、穿状衣等过激行为或者其他扰乱公共秩序、违反公共道德的行为；

（五）煽动、串联、胁迫、以财物诱使、幕后操纵他人信访或者以信访为名借机敛财；

（六）在环境信访接待场所滞留、滋事，或者将生活不能自理的人弃留在接待场所；

（七）携带危险物品、管制器具，妨害国家和公共安全的其他行为。

第五章　环境信访事项的受理

第二十二条　各级环境信访工作机构收到信访事项，应当予以登记，并区分情况，分别按下列方式处理：

（一）信访人提出属于本办法第十六条规定的环境信访事项的，应予以受理，并及时转送、交办本部门有关内设机构、单位或下一级环境保护行政主管部门处理，要求其在指定办理期限内反馈结果，提交办结报告，并回复信访人。对情况重大、紧急的，应当及时提出建议，报请本级环境保护行政主管部门负责人决定。

（二）对不属于环境保护行政主管部门处理的信访事项不予受理，但应当告知信访人依法向有关机关提出。

（三）对依法应当通过诉讼、仲裁、行政复议等法定途径解决的，应当告知信访人依照有关法律、行政法规规定程序向有关机关和单位提出。

（四）对信访人提出的环境信访事项已经受理并正在办理中的，信访人在规定的办理期限内再次提出同一环境信访事项的，不予受理。

对信访人提出的环境信访事项，环境信访机构能够当场决定受理的，应当场答复；不能当场答复是否受理的，应当自收到环境信访事项之日起 15 日内书面告知信访人。但是信访人的姓名（名称）、住址或联系方式不清而联系不上的除外。

各级环境保护行政主管部门工作人员收到的环境信访事项，交由环境信访工作机构按规定处理。

第二十三条 同级人民政府信访机构转送、交办的环境信访事项，接办的环境保护行政主管部门应当自收到转送、交办信访事项之日起 15 日内，决定是否受理并书面告知信访人。

第二十四条 环境信访事项涉及两个或两个以上环境保护行政主管部门时，最先收到环境信访事项的环境保护行政主管部门可进行调查，由环境信访事项涉及的环境保护行政主管部门协商受理，受理有争议的，由上级环境保护行政主管部门协调、决定受理部门。

对依法应当由其他环境保护行政主管部门处理的环境信访事项，环境信访工作人员应当告知信访人依照属地管理规定向有权处理的环境保护行政主管部门提出环境信访事项，并将环境信访事项转送有权处理的环境保护行政主管部门；上级环境保护行政主管部门认为有必要直接受理的环境信访事项，可以直接受理。

第二十五条 信访人提出可能造成社会影响的重大、紧急环境信访事项时，环境信访工作人员应当及时向本级环境保护行政主管部门负责人报告。本级环境保护行政主管部门应当在职权范围内依法采取措施，果断处理，防止不良影响的发生或扩大，并立即报告本级人民政府和上一级环境保护行政主管部门。

突发重大环境信访事项时，紧急情况下可直接报告国家环境保护总局或国家信访局。

环境保护行政主管部门对重大、紧急环境信访事项不得隐瞒、谎报、缓报，或者授意他人隐瞒、谎报、缓报。

第二十六条　各级环境保护行政主管部门及其工作人员不得将信访人的检举、揭发材料及有关情况透露或者转给被检举、揭发的人员或者单位。

第六章　环境信访事项办理和督办

第二十七条　各级环境保护行政主管部门及其工作人员办理环境信访事项，应当恪尽职守，秉公办理，查清事实，分清责任，正确疏导，及时、恰当、妥善处理，不得推诿、敷衍、拖延。

第二十八条　有权做出处理决定的环境保护行政主管部门工作人员与环境信访事项或者信访人有直接利害关系的，应当回避。

第二十九条　各级环境保护行政主管部门或单位对办理的环境信访事项应当进行登记，并根据职责权限和信访事项的性质，按照下列程序办理：

（一）经调查核实，依据有关规定，分别做出以下决定：

1. 属于环境信访受理范围、事实清楚、法律依据充分，做出予以支持的决定，并答复信访人；

2. 信访人的请求合理但缺乏法律依据的，应当对信访人说服教育，同时向有关部门提出完善制度的建议；

3. 信访人的请求不属于环境信访受理范围，不符合法律、法规及其他有关规定的，不予支持，并答复信访人。

（二）对重大、复杂、疑难的环境信访事项可以举行听证。听证应当公开举行，通过质询、辩论、评议、合议等方式，查明事实，分清责任。听证范围、主持人、参加人、程序等可以按照有关规定执行。

第三十条 环境信访事项应当自受理之日起 60 日内办结，情况复杂的，经本级环境保护行政主管部门负责人批准，可以适当延长办理期限，但延长期限不得超过 30 日，并应告知信访人延长理由；法律、行政法规另有规定的，从其规定。

对上级环境保护行政主管部门或者同级人民政府信访机构交办的环境信访事项，接办的环境保护行政主管部门必须按照交办的时限要求办结，并将办理结果报告交办部门和答复信访人；情况复杂的，经本级环境保护行政主管部门负责人批准，并向交办部门说明情况，可以适当延长办理期限，并告知信访人延期理由。

上级环境保护行政主管部门或者同级人民政府信访机构认为交办的环境信访事项处理不当的，可以要求原办理的环境保护行政主管部门重新办理。

第三十一条 信访人对环境保护行政主管部门做出的环境信访事项处理决定不服的，可以自收到书面答复之日起 30 日内请求原办理部门的同级人民政府或上一级环境保护行政主管部门复查。收到复查请求的环境保护行政主管部门自收到复查请求之日起 30 日内提出复查意见，并予以书面答复。

第三十二条 信访人对复查意见不服的，可以自收到书面答复之日起 30 日内请求复查部门的本级人民政府或上一级环境保护行政主管部门复核，收到复核请求的环境保护行政主管部门自收到复核请求之日起 30 日内提出复核意见。

第三十三条 上级环境保护行政主管部门对环境信访事项进行复查、复核时，应当听取作出决定的环境保护行政主管部门的意见，必要时可以要求信访人和原处理部门共同到场说明情况，需要向其他有关部门调查核实的，也可以向其他有关部门和人员进行核实。

上级环境保护行政主管部门对环境信访事项进行复查、复核时，发现下级环境保护行政主管部门对环境信访事项处理不当的，在复查、复核的同时，有权直接处理或者要求下级环境保护行政主管部门重新处理。

各级环境保护行政主管部门在复查、复核环境信访事项中，本级人民政府或上一级人民政府对信访事项的复查、复核有明确规定的，按其规定执行。

第三十四条 信访人对复核决定不服的，仍以同一事实和理由提出环境信访事项的，各级环境保护行政主管部门不再受理。

第三十五条 各级环境保护行政主管部门，发现有权做出处理决定的下级环境保护行政主管部门办理环境信访事项有下列情形之一的，应当及时督办，并提出改进建议：

（一）无正当理由未按规定的办理期限办结的；

（二）未按规定程序反馈办理结果的；

（三）办结后信访处理决定未得到落实的；

（四）未按规定程序办理的；

（五）办理时弄虚作假的；

（六）其他需要督办的事项。

第三十六条 各级环境信访工作机构对信访人反映集中、突出的政策性问题，应当及时向本级环境保护行政主管部门负责人报告，会同有关部门进行调查研究，提出完善政策、解决问题的建议。

对在环境信访工作中推诿、敷衍、拖延、弄虚作假，造成严重后果的工作人员，可以向有权做出处理决定的部门提出行政处分建议。

第七章 法律责任

第三十七条 因下列情形之一导致环境信访事项发生、造成严重后果的，对直接负责的主管人员和其他直接责任人员依照有关法律、行政法规的规定给予行政处分；构成犯罪的，依法追究刑事责任：

（一）超越或者滥用职权，侵害信访人合法权益的；

（二）应当作为而不作为，侵害信访人合法权益的；

（三）适用法律、法规错误或者违反法定程序，侵害信访人合法权益的；

（四）拒不执行有权处理的行政机关做出的支持信访请求意见的。

第三十八条 各级环境信访工作机构对收到的环境信访事项应当登记、受理、转送、交办和告知信访人事项的而未按规定登记、受理、转送、交办和告知信访人事项的，或者应当履行督办职责而未履行的，由其所属的环境保护行政主管部门责令改正；造成严重后果的，对直接负责的主管人员和其他直接责任人员依法给予行政处分。

第三十九条　环境保护行政主管部门在办理环境信访事项过程中，有下列行为之一的，由其上级环境保护行政主管部门责令改正；造成严重后果的，对直接负责的主管人员和其他直接责任人员由有权处理的行政部门依法给予行政处分：

（一）推诿、敷衍、拖延环境信访事项办理或者未在法定期限内办结环境信访事项的；

（二）对事实清楚、符合法律、法规、规章或者其他有关规定的投诉请求未给予支持的。

第四十条　各级环境保护行政主管部门及其工作人员在处理环境信访事项过程中，作风粗暴、激化矛盾并造成严重后果的，依法给予行政处分。

违反本办法第二十六条规定，造成严重后果的，对直接负责的主管人员和其他直接责任人员依法给予行政处分；构成犯罪的，移交司法机关追究刑事责任。

违反本办法第三条第二款规定，打击报复信访人，尚不构成犯罪的，依法给予行政处分或纪律处分；构成犯罪的，移交司法机关追究刑事责任。

第四十一条　信访人捏造歪曲事实、诬告陷害他人的，依法承担相应的法律责任。

信访人违反本办法第二十一条规定的，有关机关及所属单位工作人员应当对信访人进行劝阻、批评或者教育。经劝阻、批评和教育无效的，交由公安机关依法进行处置。构成犯罪的，依法追究刑事责任。

第八章　附　则

第四十二条　本办法没有规定的事项，按《信访条例》的有关规定执行。

第四十三条 外国人、无国籍人、外国组织反映国内环境信访事项的处理，参照本办法执行。

第四十四条 环境信访文书的格式和内容见附件

第四十五条 本办法自 2006 年 7 月 1 日起施行，1997 年 4 月 29 日国家环保局发布的《环境信访办法》同时废止。

附　录

国家海洋局纪委、监察专员办公室关于
对重要信访案件加强督办的意见

关于印发《国家海洋局纪委、监察专员办公室
关于对重要信访案件加强督办的意见》的通知
海纪发〔2012〕1 号

局属各单位纪委、直属机关纪委：

现将《国家海洋局纪委、监察专员办公室关于对
重要信访案件加强督办的意见》印发给你们，请遵照
执行。

中国共产党国家海洋局纪律检查委员会
中华人民共和国监察部驻国家海洋局监察专员办公室
二〇一二年一月三十一日

为加大对信访案件督办力度，规范信访案件督办程序，提
高督办工作规范化、制度化和科学化水平，根据《中央纪委、
监察部关于对反映党员干部违纪问题加强督办核查的意见》、
《中共中央纪委关于进一步加强和规范办案工作的意见》，结合
国家海洋局的实际情况，提出以下意见：

一、督办工作指导思想

信访案件督办工作要以邓小平理论和"三个代表"重要思想为指导，深入贯彻落实科学发展观，按照建立健全教育、制度、监督并重的惩治和预防腐败体系的要求，认真贯彻落实从严治党、从严治政的方针，进一步建立健全信访案件督办制度，维护党的纪律和国家的法律法规，确保信访核查、案件查办工作合法合规，积极为海洋事业营造风清气正、健康有序的发展环境。

二、督办工作目标

信访案件督办工作是反腐倡廉建设的一项基础性工作，是查办案件的重要组成部分，是纪检监察机关对信访案件检查工作实施领导的重要途径，是加强信访案件查处工作的内部管理与监督，促进严格依纪依法办案的重要措施。通过对信访案件督办工作，解决对违纪违法重要案件线索或重要案件该报不报、压案不查等问题，防止出现执纪执法失之于宽、失之于软现象，做到件件有着落，事事有回音。

三、督办工作基本原则

坚持实事求是原则，开展信访案件督办工作要紧密结合实际，督办事项要有针对性和实效性；坚持质量效率原则，要严格履行信访案件督办程序，确保信访案件查办和督办质量；坚持安全保密原则，要严格执行保密法规，对信访案件督办事项及其办理内容要严格保密，对相关资料注意保管，做到不丢失、不外传。

四、督办范围

局纪委、监察专员办公室负责国家海洋局系统的信访案件督办工作。

局纪委、监察专员办公室向局属各单位要结果或情况的重要信访件或重要案件。

1. 中纪委、监察部、局党组及其领导交办或转办的信访件。

2. 局纪委、监察专员办公室收到的重要信访件或在职责范围内发现的重要违纪线索。

3. 有关部门移交的重要信访案件。

4. 无正当理由未按规定办结的重要信访件或案件。

5. 其他重要信访案件。

重要信访案件是指检举、控告国家海洋局所属单位及其正处级以上领导干部违纪违法的信访件。涉及国家海洋局所属单位及其正处级以上领导干部的案件，案情复杂、情节严重的案件，均为重要信访案件。

局属各单位收到上述"重要信访案件"后，应在 15 个工作日内将举报信的复印件报送局纪委、监察专员办公室；对司法机关立案审查的案件应及时上报，为局纪委、监察专员办公室准确、及时确立督办事项提供依据。

五、督办方法

发函督办。对于重要的案件督办事项或超期未办的督办案件，发函督促承办单位及时办结。

现场督办。对重大复杂的信访案件，派人到承办单位指导办案工作。通过听取意见，审阅卷宗材料，共同研究处理意见等形式进行督办。

汇报督办。对重大督办的信访案件或经督办未能按期办结的案件，责令承办单位有关领导汇报办理情况，提出办理意见，促使尽快结案（了结）。

六、督办程序

（一）立项

国家海洋局纪委、监察专员办公室收到需要督办信访案件后，应及时提出拟办意见，填写《国家海洋局纪检监察重要信访案件督办事项登记表》，报局纪委、监察专员办公室主要负责人审批。审批后予以立项，并启动督办程序。

（二）交办

国家海洋局纪委、监察专员办公室对列为重点督办的信访件或案件，应及时向承办单位下发《国家海洋局纪检监察信访案件督办函》，紧急督办事项，可先电话交办，再补发督办函。

（三）承办

1. 承办单位收到督办函后，应及时登记，并提出拟办意见。

2. 对重点督办的信访件，承办单位应制定初核方案，查明事实，分清责任，以书面形式提出恰当的处理意见报国家海洋局纪委、监察专员办公室。

3. 对重点督办案件，承办单位应及时进入办案程序，并向国家海洋局纪委、监察专员办公室报告查处进度、处理情况、案件分析、整改措施。遇有重要案件移送司法机关或司法机关立案查处等情况的，应及时向国家海洋局纪委、监察专员办公室报告，并做好记录。

4. 承办单位应按督办期限完成调查处理工作，一般在3个月内完成；立案调查的，应从立案之日起6个月内结案；情况复杂的、不能按期办结的，应于期满前上报《国家海洋局纪检监察信访案件督办事项延期报告审批表》，经同意后方可适当延长办理时间，但最长不得超过1年。

（四）催办

国家海洋局纪委、监察专员办公室可采用《重要信访案件督办事项催办函》、电话、要求来人汇报、实地检查等方式进行催办。对承办单位遇到的困难，国家海洋局纪委、监察专员办公室应给予指导、协调。

（五）报告

1. 对已经查结的信访案件督办事项，承办单位除以书面形式向国家海洋局纪委、监察专员办公室报告，必要时也可当面报告。报告按"一事一报，谁交办向谁报告"的原则，不得越级上报，报告由本单位纪委书记或主要领导签批，加盖公章后上报。

2. 报告内容：督办事项核实的基本情况、定性、相关人员的责任和处理意见、经验教训及整改措施。

3. 以往重点督办案件所涉及的人员解除处分、改变处理结果等有关情况，也应及时上报。

（六）审核

国家海洋局纪委、监察专员办公室应按照事实清楚、证据确凿、定性准确、处理恰当、手续完备、程序合法的要求，对承办单位报送的报告及有关资料进行审核并提出审核意见。经审核，不符合要求的，应责成承办单位补充调查、重新研究处理意见或者补充上报有关材料。主要事实未调查清楚及调查工作明显不符合要求的，要下发《国家海洋局纪检监察督办事项退办函》，限期重新办理。

（七）结案（了结）

属于督办范围的信访案件经国家海洋局纪委、监察专员办公室审核批准后方可结案（了结）。承办单位对承办事项的调查处理结果，可在一定范围内予以公开或通报；对实名举报的，要按照有关规定答复举报人。

（八）归档

重要信访案件督办事项结案（了结）后，国家海洋局纪委、监察专员办公室和承办单位均应按照档案管理的要求，及时将有关资料整理装订，立卷归档，也可同时建立电子档案。

七、加强领导，确保信访案件督办工作落到实处

各单位纪委要高度重视信访案件督办工作，加强对督办工作的领导，分管领导要经常听取督办工作情况汇报，了解和掌握督办事项的落实情况，不准敷衍搪塞。要按照依纪依法、安全文明办案的要求，积极支持督办工作，按期完成国家海洋局纪委、监察专员办公室交办的督办事项，确保督办工作落到实处。

保险信访工作责任制实施办法

中国保监会关于印发《保险信访工作
责任制实施办法》的通知

保监发〔2017〕5号

各保监局，中国保险保障基金有限责任公司、中国保险
信息技术管理有限责任公司、中保投资有限责任公司、
上海保险交易所股份有限公司、中国保险报业股份有限
公司，中国保险行业协会、中国保险学会、中国精算师
协会、中国保险资产管理业协会，各保险公司：

　　根据《中共中央办公厅国务院办公厅关于印发
〈信访工作责任制实施办法〉的通知》（厅字〔2016〕
32号）精神，为进一步落实保险信访工作责任制，我
会制定了《保险信访工作责任制实施办法》。现印发给
你们，请遵照执行。

中国保监会

2017年1月12日

第一章 总 则

第一条 为了进一步落实保险系统各级领导干部、工作人员信访工作责任，从源头上预防和减少信访问题发生，推动信访问题及时就地解决，依法维护群众合法权益，促进社会和谐稳定，根据国家有关法律法规和中央有关规定，制定本办法。

第二条 本办法所称各单位，包括中国保监会及各派出机构，各保险公司。

中国保监会会管单位参照适用本办法。

第三条 落实保险信访工作责任制，以邓小平理论、"三个代表"重要思想、科学发展观为指导，深入贯彻习近平总书记系列重要讲话精神，按照"属地管理、分级负责，谁主管、谁负责，依法、及时、就地解决问题与疏导教育相结合"的工作原则，综合运用督查、考核、惩戒等措施，依法规范各单位履行信访工作职责，把信访突出问题处理好，把群众合理合法利益诉求解决好，确保中央关于信访工作决策部署贯彻落实。

第二章 责任内容

第四条 各单位应当将信访工作当作政治任务列入议事日程，强化领导责任，健全完善"主要领导负总责、分管领导具体抓、其他领导一岗双责"的领导体制，严格落实领导接访制度；定期听取工作汇报、分析信访形势、研究解决工作中的重要问题，从人力、物力、财力上保证信访工作顺利开展；应当科学、民主决策，依法履行职责，从源头上预防和减少导致信访问题的矛盾和纠纷。

各单位领导班子主要负责人对本辖区、本系统、本单位的信访工作负总责，其他成员根据工作分工，对职权范围内的信访工作负主要领导责任。

各单位信访分管领导应当阅批涉及重大问题的群众来信和网上信访，定期接待群众来访，协调处理疑难复杂信访问题。

重点疑难信访问题主要领导要亲自挂帅，切实做好思想疏导、政策宣传和化解稳定工作，力争保险行业信访工作"五个不发生"：不发生进京上访、不发生越级非正常上访、不发生赴省市集体访、不发生有影响的个人极端事件、不发生因工作不当引起的负面炒作。

第五条 各单位负责信访工作部门对属于本部门职权范围内的信访事项，应当依照有关法律法规规定和程序，及时妥善处理。

垂直管理部门负责本系统的信访工作，应当督促下级部门和单位依法、及时、就地解决信访问题。

第六条 各单位在预防和处理本辖区、本系统、本单位信访问题中负有主体责任，应当加强矛盾纠纷排查化解和信访风险防控预警，针对具体问题明确主体责任归属，协调督促有关责任部门和单位依法、及时、就地解决，并加强对信访群众的疏导教育，在第一时间、第一地点做好信访纠纷化解工作，防止矛盾激化，减少信访上行。

各单位应当建立重大信访事件预警监测机制，制定重大信访事件应急处置预案。发生重大信访事件时，主体责任单位负责人要第一时间赶到现场，做好稳定、教育和疏散工作，控制事件发展，防止事态升级。

第七条 各单位应当在中国保监会的统一领导下，协调、指导和监督本辖区、本系统、本单位的信访工作。依照法定程序和诉讼与信访分离制度受理、交办、转送和督办信访事项，协调处理重要信访问题，分析研究信访情况，提出改进工作、完善政策和给予处分的建议。

第八条　各单位信访工作人员在处理信访事项过程中，应当遵守群众纪律，秉公办事、清正廉洁、保守秘密、热情周到。

第三章　督查考核

第九条　各单位应当将信访工作纳入督查范围，对本辖区、本系统、本单位信访工作开展和责任落实情况，每年至少组织开展一次专项督查，并在适当范围内通报督查情况。

第十条　各单位应当以依法、及时、就地解决信访问题为导向，建立健全信访工作考核评价机制，制定科学合理的考核评价标准和指标体系，定期对本辖区、本系统、本单位信访工作情况进行考核。考核结果作为对领导班子和领导干部综合考评的重要参考。

各单位人事部门在干部考察工作中，应当听取信访部门意见，了解掌握领导干部履行信访工作职责情况。

中国保监会负责对各单位信访工作情况进行年度考核。对工作成效明显的单位予以通报表扬；对问题较多的单位，加强工作指导，督促解决存在的问题。

第四章　责任追究

第十一条　各单位及其领导干部、工作人员不履行或者未能正确履行本办法所列责任内容，有下列情形之一的，应当追究责任：

（一）因决策失误、工作失职，损害群众合法利益，导致信访问题产生，造成严重后果的；

（二）未按照规定受理、交办、转送和督办信访事项，或者不执行信访事项处理意见，严重损害信访群众合法权益的；

（三）违反群众纪律，对应当解决的群众合理合法诉求消极应付、推诿扯皮，或者对待信访群众态度恶劣、简单粗暴，损害党群干群关系，造成严重后果的；

（四）对发生的集体访或者信访负面舆情处置不力，导致事态扩大，造成严重不良影响的；

（五）对信访部门提出的改进工作、完善政策和给予处分等建议重视不够、落实不力，导致问题长期得不到解决的；

（六）其他应当追究责任的失职失责情形。

对前款规定中涉及的集体责任，领导班子主要负责人和直接主管的负责人承担主要领导责任，参与决策和工作的班子其他成员承担重要领导责任，对错误决策或者行为提出明确反对意见而没有被采纳的，不承担领导责任；涉及的个人责任，具体负责的工作人员承担直接责任，领导班子主要负责人和直接主管的负责人承担领导责任。

第十二条 根据情节轻重，对单位的责任追究，采取监管约谈、行业通报和降低保险公司声誉风险评价分值等方式进行；对单位领导干部、工作人员的责任追究，采取通报、诫勉、组织调整或者组织处理、纪律处分等方式进行。上述追责方式，可以单独使用，也可以合并使用。

涉嫌违法犯罪的，按照国家有关法律规定移交司法机关处理。

第十三条 对具有本办法第十一条所列情形、情节较轻的，由有管理权限的单位对相关责任人进行通报，限期整改。

第十四条 对受到通报后仍未按期完成整改目标，或者具有本办法第十一条所列情形且危害严重以及影响重大的，由有管理权限的单位对相关责任人进行诫勉，督促限期整改。同时，取消该单位、部门本年度评选综合性荣誉称号的资格。

第十五条 对受到诫勉后仍未按期完成整改目标，或者有本办法第十一条所列情形且危害特别严重以及影响特别重大的，由有管理权限的单位对相关责任人采取停职检查、调整职务、责令辞职、降职、免职等组织调整或者组织处理措施。

第十六条 对在信访工作中失职失责的相关责任人，应当给予党纪政纪处分的，依纪依法追究责任。

第五章　附　则

第十七条 各单位可根据本办法制定实施细则。

第十八条 本办法由中国保监会负责解释。

第十九条 本办法自 2017 年 1 月 12 日起施行。

附　录

中国保监会办公厅关于进一步加强
保险业信访工作的指导意见

保监厅发〔2016〕24 号

各保监局，各保险公司：

为进一步加强保险业信访工作，切实维护好群众合法权益，促进保险业健康发展，维护社会和谐稳定，现提出以下指导意见。

一、要着力把握新形势、新要求，增强大局意识

各单位要紧紧围绕保险业工作大局，积极适应新常态、树立新观念，坚持目标导向和问题导向相统一，深入落实信访工作制度改革。要深刻认识和把握新形势对保险业信访工作的新要求，进一步增强工作的预见性、可控性，充分发挥信访化解保险运营风险、促进社会和谐稳定的职能作用。

二、要牢固树立信访法治思维，加强宣传引导

各单位要坚持在全面依法治国的大背景下思考和谋划信访工作，自觉将法治思维贯穿其中，运用法治思维把握信访工作方向，形成与法治要求相适应、相统一的信访工作新格局。要加强信访法制化建设，全力打造"阳光信访""责任信访"和"法治信访"，形成符合法治要求、管用有效的信访法治体系，

大力推动解决信访问题。要充分发挥法治的引领和保障作用，进一步加强法治宣传教育，丰富宣传形式，扩展宣传内容，引导群众依法理性表达诉求，依法逐级有序反映诉求，用法治方式解决信访问题。

三、要严格落实各级领导职责，确保责任到位

各单位要自觉把信访工作当作政治任务列入议事日程，强化领导责任，健全完善"主要领导负总责、分管领导具体抓、其他领导一岗双责"的领导体制，严格落实领导接访制度。要强化首办责任，按照"属地管理、分级负责，谁主管、谁负责"的原则，第一时间、第一地点做好信访纠纷化解工作，防止矛盾激化，减少信访上行。对重点疑难信访问题，主要领导要亲自挂帅，切实做好思想疏导、政策宣传和化解稳定工作，确保保险业信访工作不发生进京上访、不发生越级上访、不发生赴省市集体访、不发生有影响的个人极端事件、不发生因工作不当引起的负面炒作。

四、要切实加强信访舆情监测，搞好隐患排查

各单位要建立健全信访风险舆情预警防控机制，认真分析核查重大紧急信访信息，对有极端行为倾向、可能形成大规模聚集的信访案件，做到早预警、早处置。要建立保险信访隐患定期排查工作制度，坚持每月一次小排查、每季一次大排查，层层明确责任，切实将不稳定因素排查清楚。要对排查出的信访问题隐患建立台账，梳理分析，对重大保险纠纷和不稳定因素要及时报告，切实掌握信访隐患动态。要做好信访人员的安抚和把控，将责任落实到人，把矛盾纠纷化解在初始、把问题解决在基层、把人员安抚在当地。各保监局要继续坚持每月矛盾纠纷排查"零报告"制度，有事报情况，无事报平安。

五、要多措并举化解信访积案，力争"清仓见底"

各单位要对本单位、本系统信访积案进行全面梳理，做到底数清、情况明。要明确责任单位、责任人和化解时限，因案施策，采取切实有效的措施，集中力量分类化解。要加强统筹协调，与政府相关部门密切协作，对积案比较集中的单位实行挂牌督办，对重要信访积案实行"一案一督"，通过集中攻坚克难，力争实现保险业信访积案"清仓见底"。

六、要积极推进信访协作机制，形成工作合力

各单位要建立信访联合接访制度，加大组织协调，推动相关单位、部门协作做好信访工作，督导问题落实。要注重协调动员社会力量，鼓励和支持具有法律专业知识和有群众工作经验的人员参与协调保险信访工作，通过购买服务的方式，引入律师、心理咨询疏导和专业社会服务等第三方，为信访群众提供法律和心理咨询疏导服务，形成合力化解信访问题。

七、要周密制定信访应急预案，确保掌控有力

各单位要充分认识当前信访形势，始终保持忧患意识，制定切实可行的应急处置预案，从组织领导、责任分工、现场指挥、力量配备、处置措施等方面积极准备，增强预案的针对性、操作性和实用性，做到重点信访不漏项、重点事项不漏人，确保信访应急情况处置掌控有力。要加强重大活动和重要敏感时段信访应急处置预案设置，与公安、政法等有关部门协同应急处置，依法处理重大群诉群访等信访违法行为，管控好信访秩序。

八、要依法分类解决信访问题，维护社会稳定

各单位要严格按照涉法涉诉信访工作要求，积极支持公安、政法机关依法处理涉法涉诉的保险信访问题，把涉法涉诉信访问题导入司法渠道解决，维护司法权威；要坚持依法按政策办事，对提出不合法、不合理诉求的，要积极引导，不能突破法律法规和政策底线，不能为一时一事的解决而引发新的矛盾和问题；要依法处理以反映诉求为名，缠访闹访、滋事扰序等行为，树立依法理性表达诉求的正确导向，切实维护良好的社会秩序。

中国保监会办公厅

2016 年 3 月 23 日

中国保险监督管理委员会
信访工作办法

中国保险监督管理委员会令

2013 年第 9 号

《中国保险监督管理委员会关于修改〈中国保险监督管理委员会信访工作办法〉的决定》已经 2013 年 6 月 25 日中国保险监督管理委员会主席办公会审议通过，现予公布，自 2013 年 11 月 1 日起施行。

中国保险监督管理委员会主席

2013 年 7 月 4 日

(2005 年 5 月 26 日中国保险监督管理委员会令 2005 年第 1 号发布；根据 2013 年 6 月 25 日中国保险监督管理委员会主席办公会《中国保险监督管理委员会关于修改〈中国保险监督管理委员会信访工作办法〉的决定》修正)

第一章 总 则

第一条 为了规范中国保险监督管理委员会（以下简称中国保监会）及其派出机构的信访工作，维护保险信访秩序，保护保险信访人的合法权益，根据《信访条例》等有关法律、行政法规，制定本办法。

第二条 本办法所称信访，是指公民、法人或者其他组织采用书信、电子邮件、传真、电话以及走访等形式，向中国保监会及其派出机构反映情况，提出与保险监管相关的意见、建议或者投诉请求，依法应当由中国保监会或者派出机构处理的活动。

本办法所称信访人，是指采用前款规定的形式，反映情况，提出意见、建议或者投诉请求的公民、法人或者其他组织。

保险消费投诉处理适用《保险消费投诉处理管理办法》。保险违法违规行为举报处理由中国保监会另行规定。

第三条 保险信访工作应当坚持属地管理、分级负责，谁主管、谁负责，依法、及时、就地解决问题与疏导教育相结合的原则。

第四条 中国保监会及其派出机构应当科学、民主决策，依法履行职责，从源头上预防导致信访事项的矛盾和纠纷。

中国保监会及其派出机构应当建立统一领导、部门协调、统筹兼顾、各负其责的保险信访工作格局，畅通信访渠道，建立健全转办督查、排查调处、联席会议等信访工作机制，及时化解矛盾和纠纷。

中国保监会及其派出机构的负责人应当高度重视保险信访工作，坚持阅批重要来信，接待重要来访，听取信访工作汇报，研究和解决信访工作中的突出问题。

第五条　中国保监会及其派出机构应当建立健全信访工作责任制，对信访工作中的失职、渎职行为，严格依照法律、行政法规和本办法的规定追究相关人员的责任。

中国保监会及其派出机构应当将信访工作绩效纳入相关工作人员的年度考核体系。

第六条　信访人反映的情况，提出的意见和建议，对改进保险监管工作有突出贡献的，由中国保监会按照有关规定给予奖励。

第二章　信访工作机构和职责

第七条　中国保监会办公厅为全国保险信访工作的管理部门，设立专门的信访工作机构，配备专职信访工作人员，负责对全国保险信访工作进行指导、检查、督办和考核。

派出机构办公室为辖区内保险信访工作的管理部门。派出机构办公室应当确定辖区内的保险信访工作机构和人员。

第八条　保险信访工作机构应当履行下列职责：

（一）受理、交办、转送保险信访事项；

（二）承办上级机关交办、其他单位或者部门转送的保险信访事项；

（三）督促检查保险信访事项的处理和落实情况，对重要的保险信访投诉进行核查或者参与核查；

（四）协调处理重大、紧急的保险信访事项；

（五）指导和检查中国保监会、派出机构所辖单位的信访工作；

（六）建立健全保险信访工作制度，建立信访档案资料库；

（七）开展调查研究，分析保险信访工作情况，反映保险信访工作中发现的问题，提出完善政策和改进工作的建议；

（八）协助有关单位、部门处理与保险监管相关的信访事项；

（九）协助宣传保险法律、法规、规章和相关政策；

（十）承办其他有关保险的信访工作事项。

第九条 中国保监会及其派出机构应当为保险信访工作机构和工作人员提供必要的工作条件，设立专门的信访接待场所，并对保险信访工作人员进行保险业务知识和法律知识的培训。

第三章 信访渠道

第十条 中国保监会及其派出机构应当向社会公布信访工作机构的通信地址、电子信箱、传真、信访电话、信访接待的时间和地点等相关事项。

中国保监会及其派出机构应当在信访接待场所或者网站上公布与信访工作有关的法律、法规和规章，信访事项处理程序，以及其他为信访人提供便利的事项。

第十一条 派出机构应当建立负责人信访接待日制度，定期听取信访人反映情况，并协调处理信访事项。信访人可以在公布的接待日和接待地点向派出机构负责人当面反映信访事项。

第十二条 中国保监会及其派出机构应当建立并完善保险信访信息系统，为信访人查询信访事项办理情况提供便利。

第四章 信访事项的提出

第十三条 信访人可以依照本办法向中国保监会或者派出

机构提出保险信访事项。

第十四条 信访人提出信访事项，一般应当采用书信、电子邮件、传真等书面形式，并载明信访人的姓名或者单位名称、住址、联系方式。信访人提出投诉请求的，还应当写明被投诉单位、人员的名称或者姓名、投诉请求、事实及理由，并附上相关证明材料。

采用口头形式提出信访事项的，保险信访工作人员应当记录信访人的姓名或者单位名称、住址、联系方式和请求、事实及理由。

采用走访形式提出信访事项的，信访人应当到中国保监会或者派出机构指定的接待场所办理登记手续。多人采用走访形式提出共同信访事项的，应当推选代表，代表人数不得超过5人。

第十五条 信访人提出信访事项，应当客观真实，对其所提供材料内容的真实性负责，不得捏造、歪曲事实，不得诬告、陷害他人。

第十六条 信访人在信访过程中应当遵守法律、法规，自觉维护社会公共秩序和保险信访秩序，不得有下列行为：

（一）在中国保监会或者派出机构办公场所周围非法聚集，围堵、冲击办公场所，拦截公务车辆，或者堵塞、阻断交通的；

（二）威胁、侮辱、殴打中国保监会、派出机构工作人员，或者非法限制他人人身自由的；

（三）在信访接待场所滞留、滋事，或者将生活不能自理的人弃留在信访接待场所的；

（四）煽动、串联、胁迫、以财物诱使、幕后操纵他人信访或者以信访为名借机敛财的；

（五）携带危险物品、管制器具的；

（六）扰乱社会公共秩序、妨碍保险信访工作秩序的其他行为。

第十七条　信访人扰乱、妨碍社会公共秩序和保险信访秩序的，保险信访工作人员可以劝阻、批评或者教育。信访人违反治安管理规定的，保险信访工作人员可以将其移交公安机关依法处理。

第五章　信访事项的受理

第十八条　中国保监会依法受理下列信访事项：

（一）对保险监管工作提出意见、建议的；

（二）对中国保监会机关及其工作人员、派出机构及其负责人的职务行为提出异议的；

（三）对全国性保险社会团体及其工作人员的职务行为提出异议，或者反映其有关情况，提出意见、建议，依照有关规定应当由中国保监会处理的；

（四）中国保监会依法处理的其他信访事项。

第十九条　派出机构依法受理下列信访事项：

（一）对辖区内保险监管工作提出意见、建议的；

（二）对派出机构负责人以外工作人员的职务行为提出异议的；

（三）对辖区内保险社会团体及其工作人员的职务行为提出异议，或者反映其有关情况，提出意见、建议，依照有关规定应当由派出机构处理的；

（四）派出机构依法处理的其他信访事项。

第二十条　信访人提出下列事项之一的，中国保监会及其派出机构不予受理，但应当转由保险公司、保险资产管理公司或者保险中介机构处理：

（一）反映保险公司、保险资产管理公司或者保险中介机构工作人员违纪问题，但不涉及有关保险监管的法律、行政法规和中国保监会规定的；

（二）反映保险公司、保险资产管理公司、保险中介机构内部管理问题的；

（三）对保险产品的解释事项以及对保险公司、保险资产管理公司、保险中介机构经营状况咨询的；

（四）其他应当由保险公司、保险资产管理公司或者保险中介机构处理的事项。

第二十一条　信访人提出下列事项之一的，中国保监会及其派出机构不予受理，但应当转由保险行业协会处理：

（一）咨询保险行业协会会员单位基本情况和保险知识的；

（二）反映保险行业协会会员单位从业人员职业道德问题的；

（三）反映保险从业人员的培训、执业、流动和奖惩问题，可以由保险行业协会处理的；

（四）反映损害保险行业形象的问题，可以由保险行业协会处理的；

（五）涉及保险行业协会会员单位之间、会员单位与保险从业人员之间、保险业与其他行业之间关系，可以由保险行业协会处理的；

（六）其他可以由保险行业协会处理的事项。

第二十二条　对信访人提出下列事项之一的，中国保监会及其派出机构不予受理，但应当告知信访人依照有关法律、行政法规的规定向有关单位提出：

（一）依照有关规定应当由其他单位处理的；

（二）已经或者依法应当通过诉讼、仲裁、行政复议等法定途径解决的；

（三）有关国家机关已对信访人反映的问题作出最终处理决定的。

第二十三条 信访事项由信访工作机构统一受理。

第二十四条 中国保监会及其派出机构信访工作机构收到信访事项，应当予以登记，并区分情况，在 15 日内分别按下列方式处理：

（一）对属于受理范围的信访事项，应当向信访人出具受理凭证，并依照有关程序处理。信访人的姓名、名称或者住址不清的除外；

（二）对本办法第二十二条规定的事项，应当书面告知信访人依照有关法律、行政法规的规定向有关单位提出。相关书面信访材料应当及时转送有关单位或者退还信访人；

（三）对本办法第二十条、第二十一条规定的事项，应当转送有关保险公司、保险资产管理公司、保险中介机构或者保险社会团体。接收单位应当按照中国保监会或者派出机构的要求报告受理情况和办理结果。无法及时报告相关情况的，接收单位应当向中国保监会或者派出机构书面说明原因；

（四）对本办法第十九条规定的事项，中国保监会应当转送相关派出机构。派出机构应当自收到转送信访材料之日起 15 日内决定是否受理并书面告知信访人。派出机构应当及时向中国保监会报告信访事项的受理情况和办理结果。不能按期办结信访事项的，派出机构应当及时向中国保监会书面说明原因；

（五）对本办法第十八条规定的事项，派出机构应当转送中国保监会。中国保监会应当自收到转送信访材料之日起 15 日内决定是否受理并书面告知信访人。

第二十五条 信访人提出的信访事项已由派出机构受理，信访人在处理期限内向中国保监会提出同一信访事项的，中国保监会不予受理。

信访人在处理期限内针对已经受理的同一信访事项提出新的事实和理由需要查证的，可以合并处理。信访处理期限自中国保监会或者派出机构收到新材料之日起重新计算，并书面告知信访人。

信访事项已经办结，信访人没有新的事实和理由再次提出同一信访事项的，中国保监会或者派出机构不予受理。

第二十六条 涉及两个或者两个以上派出机构的信访事项，由中国保监会指定一个派出机构受理，相关派出机构配合办理。

第二十七条 中国保监会及其派出机构应当制定保险业重大信访事项报告制度和应急预案，加大对重大、紧急信访事项的处置力度，并在职责范围内依法及时采取措施，防止不良影响的产生、扩大。

对可能造成重大社会影响的信访事项和信访信息，派出机构应当及时向中国保监会和当地人民政府报告，并按照有关规定和应急预案的要求采取紧急措施，防止事件升级。

第六章 信访事项的办理和督办

第二十八条 中国保监会及其派出机构工作人员办理信访事项应当查明事实，秉公办理，不得推诿、敷衍、拖延。

第二十九条 中国保监会及其派出机构应当制定信访事项的分工处理规则，明确各类信访事项的具体承办部门，落实工作责任，保证信访工作顺利开展。

第三十条　承办部门对接办的信访事项应当逐件登记，分类办理。对意见、建议类信访事项，应当认真研究。对解决问题类和举报类信访事项，应当按照国家法律、行政法规和本办法规定，组织调查处理。

承办部门可以要求信访人、有关组织和人员说明情况，提供相关材料，或者直接进行调查核实。

对重大疑难的信访事项，承办部门可以举行听证。听证应当公开举行，通过质询、辩论、评议、合议等方式，查明事实，分清责任。具体听证程序由中国保监会另行制定。

第三十一条　对属于中国保监会或者派出机构受理范围的匿名信访事项应当区别情况，按下列方式办理：

（一）被信访人明确，所举报内容和提供的线索具体清楚，并且附有相应证明材料的，承办部门应当调查处理；

（二）被信访人和所举报内容陈述模糊，或者缺乏明确线索和相应证明材料的，承办部门可以酌情处理。

第三十二条　信访事项经调查核实后，承办部门应当作出下列处理，并由信访工作机构书面答复信访人：

（一）事实清楚，信访请求符合法律、行政法规和中国保监会有关规定的，予以支持，并督促有关单位执行；

（二）请求事由合理但缺乏法律依据的，应当对信访人做好解释工作；

（三）请求缺乏事实根据或者不符合法律、行政法规和中国保监会有关规定的，不予支持。

第三十三条　对上级机关交办的重要信访事项，中国保监会及其派出机构的信访工作机构应当及时报送分管领导或者主要负责人批示，并按照要求在规定时限内报送处理结果。处理报告应当内容具体、事实清楚、文字准确、结论性意见明确。

第三十四条 信访事项应当自受理之日起 60 日内办结。情况复杂的，经本单位负责人批准，可以适当延长办理期限，但延长期限不得超过 30 日，并书面告知信访人延期理由。

第三十五条 信访人对派出机构处理意见不服的，可以自收到书面答复之日起 30 日内请求中国保监会复查。中国保监会应当自收到复查请求之日起 30 日内提出复查意见，并书面答复信访人。

第三十六条 中国保监会及其派出机构的信访工作机构发现信访事项处理有下列情形之一的，应当及时督办，并提出改进建议：

（一）无正当理由未按规定的办理期限办结信访事项的；

（二）未按规定报告信访事项受理情况和办理结果的；

（三）未按规定程序办理信访事项的；

（四）办理信访事项推诿、敷衍、拖延、弄虚作假的；

（五）不执行信访处理意见的；

（六）其他需要督办的情形。

第三十七条 收到改进建议的承办部门应当在 30 日内向中国保监会或者派出机构的信访工作机构书面说明该信访事项的处理情况。未采纳改进建议的，应当书面说明理由。

第三十八条 中国保监会及其派出机构处理信访事项的工作人员与信访事项或者信访人、被信访人有直接利害关系的，应当回避。

第三十九条 对在信访工作中不履行职责、推诿塞责、弄虚作假的工作人员，信访工作机构可以建议其所在单位或者部门给予批评教育；造成严重后果的，可以向有关纪检监察部门和人事部门提出给予行政处分的建议。

第四十条 中国保监会及其派出机构的信访工作机构应当对信访材料进行整理分析，并建立定期信访通报制度。

对于信访人反映集中的政策性问题，中国保监会及其派出机构的信访工作机构应当及时向上级机关和本单位负责人报告，并会同有关部门深入调查研究，提出完善政策、解决问题的建议。

派出机构的信访工作机构应当定期总结信访工作情况，并按照中国保监会的要求提交信访工作报告。

第七章 法律责任

第四十一条 中国保监会及其派出机构处理信访事项的工作人员不遵守保密规定，将信访人的检举、揭发材料或者有关情况透露给被检举、揭发的人员或者单位的，由其所在单位给予行政处分。

第四十二条 中国保监会及其派出机构处理信访事项的工作人员与信访事项或者信访人、被信访人有直接利害关系，未按照本办法规定进行回避的，由其所在单位责令改正；情节严重的，给予行政处分。

第四十三条 因下列情形之一导致信访事项发生，造成严重后果的，由中国保监会或者派出机构责令改正，对直接负责的主管人员和其他直接责任人员依法给予行政处分；构成犯罪的，依法追究刑事责任：

（一）超越或者滥用职权，侵害信访人合法权益的；

（二）应当作为而不作为，侵害信访人合法权益的；

（三）适用法律错误或者违反法定程序，侵害信访人合法权益的；

（四）拒不执行上级机关作出的支持信访请求意见的。

第四十四条 处理信访事项过程中有下列情形之一的，由中国保监会或者派出机构责令改正；造成严重后果的，对处理信访事项的相关工作人员依法给予行政处分：

（一）对收到的信访事项不按规定登记和处理的；

（二）对属于受理范围的信访事项不予受理的；

（三）未在规定期限内书面告知信访人是否受理信访事项的；

（四）推诿、敷衍、拖延信访事项办理，弄虚作假或者未在法定期限内办结信访事项的；

（五）在处理信访事项中，作风粗暴，激化矛盾并造成严重后果的；

（六）对事实清楚，符合法律、行政法规和中国保监会有关规定的信访投诉请求未予支持的。

第四十五条 中国保监会、派出机构及其工作人员对可能造成社会影响的重大、紧急信访事项和信访信息隐瞒、谎报、缓报，或者授意他人隐瞒、谎报、缓报，造成严重后果的，对直接负责的主管人员和其他直接责任人员依法给予行政处分；构成犯罪的，依法追究刑事责任。

第四十六条 中国保监会及其派出机构工作人员打击报复信访人的，依法给予行政处分；构成犯罪的，依法追究刑事责任。

第八章 附 则

第四十七条 对外国人、无国籍人、外国组织提出的涉及我国商业保险的信访事项的处理，参照本办法执行。

第四十八条 本办法所称保险中介机构，是指经中国保监会或者派出机构批准设立的保险代理机构、保险兼业代理机构、保险经纪机构和保险公估机构。

第四十九条 本办法由中国保监会负责解释。

第五十条 本办法自 2005 年 7 月 1 日起施行。2002 年 3 月 7 日中国保监会发布的《中国保险监督管理委员会信访工作办法》同时废止。

人事部信访工作规定

关于印发《人事部信访工作规定》的通知

国人厅发〔2005〕46号

部内各司级单位：

    《人事部信访工作规定》已经人事部第40次部务会议审议通过，现印发给你们，请认真贯彻执行。

人事部办公厅

二○○五年五月十三日

第一章　总　则

    第一条　为了保持同人民群众的密切联系，保护信访人的合法权益，规范人事部的信访工作，根据《信访条例》，结合实际，制定本规定。

    第二条　人事部及各司级单位应当做好信访工作，认真处理来信、来电，接待走访，倾听人民群众的意见、建议和要求，接受人民群众的监督，努力为人民群众服务。

第三条　人事部应当科学、民主决策，依法履行职责，从源头上预防导致信访事项的矛盾和纠纷。

第四条　人事部信访工作坚持属地管理、分级负责，谁主管、谁负责，依法、及时解决问题与疏导教育相结合的原则。

第二章　职责分工

第五条　按照建立"统一领导、部门协调，统筹兼顾、标本兼治，各负其责、齐抓共管"的信访工作格局的要求，完善人事部分工接访与联合接访相结合的机制，及时做好信访事项的处理工作。

第六条　办公厅是人事部信访工作的职能部门。办公厅内设信访处，其主要职责是：

（一）综合管理信访人以书信、电子邮件、传真、电话、走访等形式提出的信访事项的处理工作。受理、交办、转送信访人提出的与人事工作相关的信访事项。

（二）承接和转办领导和上级机关交由人事部处理和有关部门要求协办的信访事项。

（三）协调处理涉及部内两个司级单位以上的信访事项。

（四）督促检查部内各司级单位和人事系统对信访事项的处理。

（五）做好信访信息工作，研究、分析信访事项中带有普遍性、政策性、倾向性的问题，为领导决策服务。

（六）指导部内各司级单位和人事系统的信访工作，组织信访干部培训，不断提高其政策、业务水平和依法处理信访问题的能力。

（七）承办领导交办的其他信访事项。

第七条 部领导及各司级单位负责同志要阅批重要来信、接待重要来访、研究解决信访工作涉及本单位业务的突出问题。

各司级单位应有一位负责同志分管本单位的信访工作，并确定一名工作人员具体承担本单位的信访事宜，负责保持与办公厅信访处联络并建立健全处理信访事项登记、转办、交办、督办等制度，确保信访工作渠道畅通。各单位的主要职责是：

（一）处理属于本单位职责范围的来信（包括书信、传真、电子邮件）和电话访。

（二）负责 5 人以上集体走访的接谈处理工作和重大、复杂、疑难信访事项的政策答复工作。

（三）承办上级交办和办公厅转办的信访事项。

（四）承担信访事项的情况反映和数据统计工作。

第三章　受理范围

第八条 下列信访事项，应当受理：

（一）咨询人事政策法规的。

（二）对人事工作提出意见、建议的。

（三）对省（区、市）政府人事部门处理意见和复查意见不服，提出复查或复核诉求的。

（四）领导和上级机关批办、交办应由人事部受理的。

（五）其他应受理的信访事项。

第九条 下列信访事项，不予受理：

（一）属于全国人民代表大会以及全国人民代表大会常务委员会、最高人民法院、最高人民检察院和党中央、国务院其他部门职权范围的。

（二）已经或者依法应当通过诉讼、仲裁、行政复议等法定途径解决的。

（三）经过办结、复查和复核，信访人对复核意见不服，仍然以同一事实和理由提出投诉请求的。

（四）信访事项已经受理或者正在办理的，信访人在规定期限内再提出同一信访事项的。

第十条 收到信访事项后，部内各司级单位能够当场答复是否受理的，应当当场书面答复；不能当场答复的，应当自收到信访事项之日起 15 日内书面告知信访人是否受理。信访人姓名（名称）、住址不清的除外。

对本规定第九条第（一）、（二）项信访事项，在告知不予受理的同时，还应告知信访人向有关部门或依照有关法律、行政法规规定程序向有关机关提出。

第四章　来信的处理

第十一条 对信访人的来信（包括给人事部和各单位的来信）按职责分工处理。来信提出的信访事项属于本规定第九条（一）、（二）项不予受理范围的，由办公厅信访处按规定书面告知来信人不予受理；属于本规定第九条（三）、（四）项不予受理范围的，由部内各司级单位书面告知信访人不予受理。

第十二条 部内各司级单位对信访人的来信，确认受理的，应在规定时间内告知信访人予以受理，并按下列规定办理：

（一）咨询政策的，自受理之日起 60 日内书面给予答复。

（二）提出意见、建议的，应留存作为研究制定政策的参考，并自受理之日起 60 日内书面告知来信人。

（三）提出复查或复核诉求的，自收到之日起 30 日内提出复查或复核意见，并予以书面答复。

对重大、复杂、疑难的信访事项，办理复查或复核的单位，可以举行听证。听证所需时间不计算在前款规定的期限内。

（四）领导和上级机关批办、交办应由人事部受理的，应自收到之日起 60 日内办结；情况复杂的，经本单位分管信访工作的领导同意，可以适当延长办理期限，延长期不得超过 30 日，并告知信访人延期理由。

第十三条 对带有普遍性、倾向性、苗头性，可能造成社会影响的重要来信；有关人事政策方面的重要意见和建议的来信；国内外知名人士的重要来信；反映对重大问题不予解决、明显违反政策的来信及其他需要经领导同志阅批的来信，要及时摘要并附原件报部领导阅示，按照领导批示办理。

第五章 电话访的处理

第十四条 对以单位名义采用电话形式咨询政策，反映情况和提出意见、建议的按照职责分工由部内各司级单位负责处理。

第十五条 对个人电话访，办公厅信访处接到后，能予以答复的，应及时给予答复；不能予以答复的，要做好电话记录，请职能部门提出意见，办公厅信访处予以答复。部内各司级单位接到个人电话访，属于本单位职责范围的，应及时予以答复；不属于本单位职责范围的，应告知信访人负责此项工作的部门或办公厅信访处联系方式。

第六章 走访的处理

第十六条 办公厅信访处负责接待走访。对走访人提出的信访事项，能够当场解决的，要予以解决；不能当场解决的，要告知走访人处理的时限和解决方式，并在规定时限内办结。

第十七条 专业性、政策性较强的个人访由办公厅信访处商有关职能部门处理。5 人以上的群体走访，相关职能部门应派人接谈。

第十八条 发生 50 人以上大规模的群体走访，按《人事部处置突发群体性上访事件工作预案》处置，办公厅负责组织登记，并与各地驻京工作组、国家信访局、公安机关等单位联系，有关职能部门负责接谈，机关服务中心负责后勤保障。

第十九条 走访人有下列情形之一的，办公厅信访处要对其进行劝阻、批评或者教育，同时与公安机关及信访人居住地的省（区、市）驻京工作组联系，协助做好处置工作：

（一）在人事部机关办公场所周围非法聚集，围堵、冲击部机关，拦截公务车辆，或者堵塞、阻断交通。

（二）携带危险物品、管制器具。

（三）侮辱、殴打、威胁机关工作人员，或者非法限制他人人身自由。

（四）在信访接待场所滞留、滋事，或者将生活不能自理的人弃留在信访接待场所。

（五）煽动、串连、胁迫、以财物诱使、幕后操纵他人信访或者以信访名义借机敛财的。

（六）扰乱公共秩序、妨害国家和公共安全的其他行为。

接访人员要注意观察走访人的情绪，掌握动态，避免矛盾激化，防止事态扩大。

第二十条 节假日或非工作时间发生集体走访，由部值班室人员通知办公厅和有关单位，做好接待处置工作。

第七章 工作纪律与奖励惩戒

第二十一条 信访工作人员应自觉遵守职业道德，不得收受信访人及其亲友的馈赠或接受宴请。如本人与信访事项或者信访人有直接利害关系的，应当回避。

第二十二条 信访人提出的建议、意见，对改进人事工作或者人事部机关工作有贡献的；工作人员在信访工作基础建设、处理信访事项等方面成绩显著，维护机关工作秩序和社会稳定做出突出贡献的，应给予奖励。

第二十三条 违反《信访条例》和本规定，将信访人的检举、揭发材料或者有关情况透露、转给被检举、揭发人员或者单位的，依法给予行政处分；对可能造成社会影响的重大、紧急信访事项和信访信息，隐瞒、谎报、缓报，或者授意他人隐瞒、谎报、缓报，造成严重后果的，对直接负责的主管人员和其他直接责任人员，依法给予行政处分。

第二十四条 违反《信访条例》和本规定，有下列情形之一，造成严重后果的，对直接负责的主管人员和其他直接责任人员，依法给予行政处分：

（一）对属于职权范围的信访事项不予受理或者对收到的信访事项不按规定登记的。

（二）未在规定的期限内书面告知信访人是否受理信访事项的。

（三）在处理信访事项过程中，作风粗暴，激化矛盾或者打击报复信访人的。

（四）推诿、敷衍、拖延信访事项办理或者没有正当理由，未在规定期限内办结信访事项的。

（五）对事实清楚，符合法律、法规、规章或者其他有关规定的投诉请求未予以支持的。

第八章　附　则

第二十五条　本规定由办公厅负责解释。

第二十六条　本规定自印发之日起执行。2003 年 9 月 15 日印发的《人事部信访工作规定》（国人厅发〔2003〕23 号）同时废止。

财政部信访工作办法

中华人民共和国财政部令

第 30 号

《财政部信访工作办法》已经 2005 年 8 月 17 日部务会议讨论通过，现予公布，自 2005 年 10 月 1 日起施行。

财政部部长

2005 年 8 月 22 日

第一章　总　则

第一条　为了加强财政部信访工作，保持财政部门同人民群众的密切联系，保护信访人合法权益，维护信访秩序，根据《信访条例》，制定本办法。

第二条　财政部及所属单位应当按照本办法规定组织信访工作，处理来信，接待来访，对信访人提出的投诉、申诉、检举、意见和建议进行研究，及时、正确处理信访人反映的问题。

第三条 财政部信访工作坚持统一领导，分工负责，谁主管、谁负责，依法、及时解决与疏导教育相结合的原则。各单位应当按照职责分工组织信访工作，使信访工作制度化、规范化，充分发挥其联系群众、反馈民意、民主监督、化解矛盾的作用。

第四条 财政部信访工作实行主要领导负责制。各级领导应当加强对信访工作的领导，阅批来信，接待来访，听取信访工作汇报，指导、督促财政部及本单位信访工作。

第五条 财政部信访工作机构及其工作人员应当切实履行职责，及时协调处理群众来信，接待群众来访，不得推诿、敷衍、拖延。

具体办理信访事项的单位及其工作人员应当贯彻党和国家各项方针政策，严格依法办事，妥善处理信访事项。

第六条 财政部信访工作应当保护信访人合法权益。对投诉、检举及反映问题的信访人个人信息予以保密；需调查处理的信访事项，应当由被举报单位上一级机关或有关部门查证，不得将举报信或举报内容转交或泄露给被举报单位和个人。

第二章 信访工作机构职责

第七条 财政部设立信访工作领导小组（以下简称领导小组），全面负责财政部信访工作。主要职责如下：

（一）贯彻执行党和国家有关信访工作方针、政策和法律、行政法规；

（二）拟订财政部信访工作规章制度；

（三）指导、督促国务院批转财政部办理的信访事项；

（四）协调处理重大或异常信访事件。

第八条　财政部信访工作领导小组办公室（以下简称信访办）是领导小组的办事机构，设在财政部办公厅，负责落实领导小组布置的各项任务，承办日常信访工作事项。主要职责如下：

（一）受理信访事项，组织处理信访人来信，接待或安排接待信访人来访；

（二）向部内有关单位交办信访事项，并协调、催办、检查，必要时配合了解信访事项情况；

（三）在信访信息系统登记信访事项，公布信访事项处理进程及结果（举报类除外）；

（四）协调办理国务院及有关单位交办的信访事项；

（五）督促办理部领导批示的信访事项；

（六）统一书面回复信访人信访事项是否受理及处理结果；

（七）研究、分析财政部信访工作情况，编写有关工作简报，反映、报告信访工作情况；

（八）对部内各单位信访工作进行业务指导；

（九）依法提出对违反本办法有关规定的责任人的行政处分建议；

（十）就重大、复杂信访事项组织召开信访听证会。

第九条　部内各单位依据各自职责，具体承办有关信访事项。主要职责如下：

（一）研究、处理信访人提出的信访事项；

（二）向信访办书面回复信访人提出的信访事项处理意见；

（三）组织研究、分析信访中反映的情况，提出完善和改进工作建议。

第三章　信访工作程序

第十条　财政部信访工作实行领导负责制，定期或不定期安排领导接待来访。领导接待来访的时间、地点向社会公布。

第十一条 财政部信访办工作地址、邮政编码、电子信箱、工作电话向社会公布。接待来访工作时间和地点向社会公布。有关情况发生变更，应当于 7 日内重新公布。

第十二条 信访事项处理程序：

（一）信息接收。信访人采取来信方式的，当日来信，当日拆封，将信封、信件及其附件一并装订；采用电子邮件、传真、电话、走访等方式的，收到当日将信访人提供的信息转为书面形式并装订。

（二）登记。将信访人姓名、工作单位（或家庭地址）、提供信息时间和主要内容输入信访信息系统。

（三）受理。信访办自收到信访人提出的信访事项之日起，15 日内决定该信访事项是否受理，并书面告知信访人。对不属于财政职责范围的事项，信访办应当报告领导小组同意后做出不予受理决定，并书面告知信访人不予受理的理由及应当受理部门或机构。信访人姓名、住址不清的除外。

（四）报告。对投诉、申诉、检举信件和意见、建议涉及重要工作的，信访办应当及时报告领导小组负责人。

（五）分转。对于受理的信访事项，信访办按照来信内容和部内各单位职责分工转送有关单位办理。需两个以上单位共同办理的，应当明确主办单位和协办单位。

（六）转办。依据职责属于省级以下财政部门办理的信访事项，转送下级财政部门处理，并抄送下级人民政府信访工作机构。对转送信访事项中的重要情况需要反馈办理结果的，可以要求下级财政部门在指定办理期限内反馈结果，提交办结报告。

（七）承办。部内单位收到信访办交给本单位办理的信访事项，应当立即指定专人办理。承办人应当恪尽职守，依法办事。

承办人员可以电话联系、约见、走访信访人，听取信访人陈述情况。承办人可以运用咨询、教育、协商、调解、听证等方法办理信访事项。对于重大的信访事项，可以采取主要领导走访制。

（八）督查。对国务院及有关单位交办、转办、协办的信访事项，各单位应当尽快办理上报。信访办要加强督查工作。

（九）答复。信访事项应当自受理之日起 60 日内办结；情况复杂的，经领导小组领导批准，可以适当延长办理期限，但延长期限不得超过 30 日，并告知信访人延期理由。各单位应当按信访办规定的办理时限，向信访办提交信访事项处理意见，信访办统一答复信访人。

第十三条　各单位对信访人要文明、热情、诚恳，耐心听取来访群众的陈述，了解问题要点和来访人基本要求，如实记录。

对来访人询问有关财税业务、举报违反财税法规等方面的问题，必要时按照部内职责分工由相关单位直接接谈。

第十四条　信访事项经调查核实，分别做出以下决定：

（一）事实清楚、证据充分，做出相应的决定，并书面答复信访人。

（二）信访人的请求有一定合理性，应当对信访人做出解释，同时向有关单位提出完善制度的建议。

（三）信访人的请求不符合法律、法规及其他有关规定，不予支持，并书面答复信访人。

第十五条　信访人对地方财政部门做出的信访事项处理意见不服，申请财政部复查、复核的，办理程序按照本办法第十二条及其他有关规定办理。对于重大、复杂信访事项的复核，信访人可以申请举行听证。

第十六条　信访办应当就以下事项向领导小组提交年度工作报告：

（一）受理信访事项的数据统计、信访事项涉及领域及被投诉较多的单位；

（二）转办、督办情况；

（三）信访事项办理情况；

（四）信访工作中提出的完善政策和改进工作的建议及被采纳情况。

第十七条　档案管理。

（一）信访信息原稿由信访办存档，妥善装订保管。保存期3年，期满销毁。

（二）各单位负责信访工作的人员，应当及时清理本单位承办的信访材料，将收集、整理后的相关材料退回信访办归档。各单位可根据需要留存原信复印件。

（三）地方财政部门报来的调查处理报告，送领导小组及有关单位阅批后退回信访办存档。

（四）信访工作简报，由信访办存档。

（五）信访年度工作报告经领导小组阅批后退回信访办存档。

第四章　附　则

第十八条　本办法自 2005 年 10 月 1 日起施行。1998 年 10 月 21 日发布的《财政部信访工作办法》同时废止。

共青团信访工作实施办法

关于印发《共青团信访工作实施办法》的通知

中青办发〔2007〕13号

共青团各省、自治区、直辖市委,军委总政治部组织部,全国铁道团委,全国民航团委,中直机关团工委,中央国家机关团工委,中央金融团工委,中央企业团工委:

现将《共青团信访工作实施办法》印发给你们,请结合实际认真贯彻落实。

共青团中央办公厅

2007 年 7 月 3 日

第一章 总 则

第一条 为了规范共青团信访工作,保持团组织与广大团员、青少年的密切联系,保护信访人的合法权益,维护信访秩序,根据国务院《信访条例》和共青团有关规定,制定本办法。

第二条　本办法所称信访，是指团员、青少年或者其他公民、法人、组织采用书信、电子邮件、传真、电话、走访等形式，向团组织反映情况，提出建议、意见或者投诉请求，依法由团组织处理的活动。

第三条　本办法所称信访人，是指采用前款规定的形式，反映情况，提出建议、意见或者投诉请求的团员、青少年或者其他公民、法人、组织。

第四条　共青团信访工作在团中央书记处的领导下，坚持属地管理、分级负责，谁主管、谁负责，依法、及时、就地解决问题与疏导教育相结合的原则。

第五条　各级团组织应当畅通信访渠道，倾听团员、青少年的建议、意见和投诉请求，接受团员、青少年的监督，认真做好信访工作，努力为广大团员、青少年服务。

第六条　各级团组织应当科学、民主决策，依法履行职责，从源头上预防导致信访事项的矛盾和纠纷。

第二章　信访工作机构及职责

第七条　团中央办公厅承担信访工作职责，负责处理日常信访工作；机关成立信访工作小组，具体负责团中央信访工作的协调、检查、督办等事宜。

第八条　各级团组织应当按照有利工作、方便信访人的原则，确定负责信访工作的机构或者人员，建立统一领导、部门协调，统筹兼顾、标本兼治，各负其责、齐抓共管的信访工作格局。

第九条　各级团组织信访工作机构是本级团组织负责信访工作的职能部门，主要职责是：

（一）受理、交办、转送信访人提出的信访事项；

（二）协调处理重要信访事项；

（三）督促检查信访事项的处理；

（四）研究、分析信访情况，开展调查研究，及时提出加强和改进共青团工作的建议；

（五）承办上级单位交由处理的信访事项；

（六）对本级团组织其他工作部门和下级团组织的信访工作进行指导。

第十条　共青团所属各部门、各单位均有按业务分工承办职权范围内信访事项的职责，对信访工作机构转办的信访事项，应当认真、及时办理，并在规定时限内向信访工作机构书面回复办理结果。

第三章　信访事项的提出

第十一条　信访人对下列团的工作和团干部的职务行为反映情况，提出建议、意见，可以向有关团组织提出信访事项：

（一）团纪申诉；

（二）反映、控告侵犯青少年权益的行为；

（三）检举、揭发团干部的违法违纪行为；

（四）对团的工作提出建议、意见和批评；

（五）需要团组织解答、办理、帮助的有关事项。

第十二条　对依法应当通过诉讼、仲裁、行政复议等法定途径解决的投诉请求，信访人应当依照有关法律、行政法规规定的程序向国家有关机关提出。

第十三条　信访人应当向有权处理的本级或者上一级团组织提出信访事项；信访事项已经受理或者正在办理的，信访人在规定期限内向上级团组织再提出同一信访事项的，该上级团组织不予受理。

第十四条 信访人采用走访形式提出信访事项的，应当到团组织设立或者指定的接待场所提出；多人采用走访形式提出共同的信访事项的，应当推选代表，代表人数不得超过 5 人。

第十五条 信访人提出信访事项，应当客观真实，对其所提供材料内容的真实性负责，不得捏造、歪曲事实，不得诬告、陷害他人。

第十六条 信访人在信访过程中应当遵守法律、法规，不得损害团组织、团干部和他人的合法权利，自觉维护社会公共秩序和信访秩序，不得有下列行为：

（一）在团组织办公场所周围非法聚集，围堵、冲击团组织办公场所，拦截公务车辆，或者堵塞、阻断交通的；

（二）携带危险物品、管制器具的；

（三）侮辱、殴打、威胁团干部，或者非法限制团干部人身自由的；

（四）在信访接待场所滞留、滋事，或者将生活不能自理的人弃留在信访接待场所的；

（五）煽动、串联、胁迫、以财物诱使、幕后操纵他人信访或者以信访为名借机敛财的；

（六）扰乱公共秩序、妨害国家和公共安全的其他行为。

第四章　信访事项的受理

第十七条 各级团组织信访工作机构收到信访事项，应按下列程序办理：

（一）登记。收到信访事项，要详细记录信访人的姓名、工作单位、住址和请求、事实、理由；

（二）告知。本级团组织所属部门、单位或下级团组织应当自收到交办的信访事项之日起 15 日内决定是否受理并口头或书面告知信访人；

（三）交办。属于共青团工作职责范围内的信访事项，应当根据其内容交本级团组织所属部门、单位或下级团组织处理，并要求在指定办理期限内反馈结果，提交办结报告；

（四）转送。涉及党政有关部门或其他有关单位处理的信访事项，应将信访事项附函转送有权处理信访事项的党政有关部门或其他有关单位；

（五）通报。各级团组织信访工作机构应根据信访事项办理情况，定期向下一级团组织信访工作机构通报信访事项交办、转送情况；下级团组织信访工作机构要及时向上一级团组织信访工作机构报告交办、转送信访事项的办理情况。

第十八条　各级团组织收到信访事项后，能够当场答复是否受理的，应当当场书面答复；不能当场答复的，应当自收到信访事项之日起 15 日内书面告知信访人。但是，信访人的姓名（名称）、住址不清的除外。

第十九条　各级团组织和团干部不得将信访人的检举、揭发材料及有关情况透露或者转给被检举、揭发的人员或者单位。

第五章　信访事项的办理和督办

第二十条　各级团组织和团干部办理信访事项，应当恪尽职守、秉公办事，查明事实、分清责任，宣传法制、教育疏导，及时妥善处理，不得推诿、敷衍、拖延。团干部与信访事项或者信访人有直接利害关系的，应当回避。

第二十一条　信访人反映的情况，提出的建议、意见，有利于团组织改进工作，更好地团结、教育和服务广大团员、青少年的，有关团组织应当认真研究论证并积极采纳。

第二十二条　对信访事项有权处理的团组织办理信访事项，必要时可以要求信访人、有关组织和人员说明情况；需要进一步核实有关情况的，可以依法向其他组织和人员调查。

第二十三条　对信访事项有权处理的团组织经调查核实，应当依照法律、法规和团章有关规定，分别作出以下处理，并书面答复信访人：

（一）请求事实清楚，符合法律、法规和团章有关规定的，予以支持；

（二）请求事由合理但缺乏法律、法规和团章有关规定依据的，应当对信访人做好解释工作；

（三）请求缺乏事实根据或者不符合法律、法规和团章有关规定的，不予支持。

第二十四条　属于团组织工作职责范围内的信访事项，有关团组织应当自受理之日起60日内办结；情况复杂的，经本级团组织负责人批准，可以适当延长办理期限，但延长期限不得超过30日，并告知信访人延期理由。

第二十五条　信访人对团组织作出的信访事项处理意见不服的，可以自收到书面答复之日起30日内请求原办理团组织的上一级团组织复查。收到复查请求的团组织应当自收到复查请求之日起30日内提出复查意见，并予以书面答复。

第二十六条　信访人对复查意见不服的，可以自收到书面答复之日起30日内向复查团组织的上一级团组织请求复核。收到复核请求的团组织应当自收到复核请求之日起30日内提出复核意见。

第二十七条 信访人对复核意见不服，仍然以同一事实和理由提出投诉请求的，各级团组织不再受理。

第二十八条 上级团组织信访工作机构发现下级团组织有下列情形之一的，应当及时督办，并提出改进建议：

（一）无正当理由未按规定的办理期限办结信访事项的；

（二）未按规定反馈信访事项办理结果的；

（三）未按规定程序办理信访事项的；

（四）办理信访事项推诿、敷衍、拖延的；

（五）不执行信访处理意见的；

（六）其他需要督办的情形。收到改进建议的团组织应当在30日内书面反馈情况；未采纳改进建议的，应当说明理由。

第二十九条 各级团组织信访工作机构对在信访工作中推诿、敷衍、拖延、弄虚作假造成严重后果的团干部，可以向有关团组织提出给予行政处分或者团纪处分的建议。

第三十条 各级团组织信访工作机构应当就以下事项向本级团组织定期提交信访情况分析报告：

（一）受理信访事项的数据统计、信访事项涉及领域以及被投诉较多的部门和单位；

（二）转送、督办情况以及各部门和单位采纳改进建议的情况；

（三）提出的政策性建议及其被采纳情况。

第六章 法律责任

第三十一条 因下列情形之一导致信访事项发生，造成严重后果的，对直接负责的主管人员和其他直接责任人员，依照有关法律、法规和团章的规定给予行政处分或者团纪处分；构成犯罪的，依法追究刑事责任：

（一）超越或者滥用职权，侵害信访人合法权益的；

（二）应当作为而不作为，侵害信访人合法权益的；

（三）适用法律、法规和团章的规定错误或者违反法定程序，侵害信访人合法权益的；

（四）拒不执行有权处理的团组织作出的支持信访请求意见的。

第三十二条 团组织信访工作机构对收到的信访事项应当登记、转送、交办而未按规定登记、转送、交办，或者应当履行督办职责而未履行的，由所属团组织责令改正；造成严重后果的，对直接负责的主管人员和其他直接责任人员依法给予行政处分或者团纪处分。

第三十三条 团干部违反本办法规定，将信访人的检举、揭发材料或者有关情况透露、转给被检举、揭发的人员或者单位的，依法给予行政处分或者团纪处分。

第三十四条 打击报复信访人，构成犯罪的，依法追究刑事责任；尚不构成犯罪的，依法给予行政处分或者团纪处分。

第三十五条 信访人违反本办法第十四条、第十六条规定的，团组织信访工作机构及其工作人员应当对信访人进行劝阻、批评或者教育。经劝阻、批评和教育无效的，报请公安机关予以警告、训诫或者制止；违反集会游行示威的法律、行政法规，或者构成违反治安管理行为的，报请公安机关依法采取必要的现场处置措施、给予治安管理处罚；构成犯罪的，依法追究刑事责任。

第三十六条 信访人捏造歪曲事实、诬告陷害他人，构成犯罪的，依法追究刑事责任；尚不构成犯罪的，报请公安机关依法给予治安管理处罚。

第七章　表彰奖励

第三十七条　各级团组织应当将信访工作绩效纳入团干部考核体系，对在信访工作中做出优异成绩的单位或者个人，给予表彰奖励。

第三十八条　信访人反映的情况，提出的建议、意见，对改进团的工作、推动青少年工作开展有贡献的，由有关团组织给予表彰奖励。

全国普法学习读本
★ ★ ★ ★ ★

信访类法律法规学习读本
信访综合管理法律法规

叶浦芳　主编

加大全民普法力度，建设社会主义法治文化，树立宪法法律至上、法律面前人人平等的法治理念。

—— 中国共产党第十九次全国代表大会《决胜全面建成小康社会　夺取新时代中国特色社会主义伟大胜利》

汕頭大学出版社

图书在版编目（CIP）数据

信访综合管理法律法规/叶浦芳主编. -- 汕头：
汕头大学出版社，2023.4（重印）
　（信访类法律法规学习读本）
　ISBN 978-7-5658-2938-3

　Ⅰ.①信… Ⅱ.①叶… Ⅲ.①信访工作-法规-中国
-学习参考资料 Ⅳ.①D922.182.04

　中国版本图书馆 CIP 数据核字（2018）第 035729 号

信访综合管理法律法规　XINFANG ZONGHE GUANLI FALÜ FAGUI

主　　编：叶浦芳
责任编辑：邹　峰
责任技编：黄东生
封面设计：大华文苑
出版发行：汕头大学出版社
　　　　　广东省汕头市大学路 243 号汕头大学校园内　邮政编码：515063
电　　话：0754-82904613
印　　刷：三河市元兴印务有限公司
开　　本：690mm×960mm 1/16
印　　张：18
字　　数：226 千字
版　　次：2018 年 5 月第 1 版
印　　次：2023 年 4 月第 2 次印刷
定　　价：59.60 元（全 2 册）
ISBN 978-7-5658-2938-3

前　言

　　习近平总书记指出："推进全民守法，必须着力增强全民法治观念。要坚持把全民普法和守法作为依法治国的长期基础性工作，采取有力措施加强法制宣传教育。要坚持法治教育从娃娃抓起，把法治教育纳入国民教育体系和精神文明创建内容，由易到难、循序渐进不断增强青少年的规则意识。要健全公民和组织守法信用记录，完善守法诚信褒奖机制和违法失信行为惩戒机制，形成守法光荣、违法可耻的社会氛围，使遵法守法成为全体人民共同追求和自觉行动。"

　　中共中央、国务院曾经转发了中央宣传部、司法部关于在公民中开展法治宣传教育的规划，并发出通知，要求各地区各部门结合实际认真贯彻执行。通知指出，全民普法和守法是依法治国的长期基础性工作。深入开展法治宣传教育，是全面建成小康社会和新农村的重要保障。

　　普法规划指出：各地区各部门要根据实际需要，从不同群体的特点出发，因地制宜开展有特色的法治宣传教育坚持集中法治宣传教育与经常性法治宣传教育相结合，深化法律进机关、进乡村、进社区、进学校、进企业、进单位的"法律六进"主题活动，完善工作标准，建立长效机制。

　　特别是农业、农村和农民问题，始终是关系党和人民事业发展的全局性和根本性问题。党中央、国务院发布的《关于推进社会主义新农村建设的若干意见》中明确提出要"加强农村法制建设，深入开展农村普法教育，增强农民的法制观念，提高农民依法行使权利和履行义务的自觉性。"多年普法实践证明，普及法律知识，提高法制观念，增强全社会依法办事意识具有重要作用。特别是在广大农村进行普法教育，是提高全民法律素质的需要。

多年来，我国在农村实行的改革开放取得了极大成功，农村发生了翻天覆地的变化，广大农民生活水平大大得到了提高。但是，由于历史和社会等原因，现阶段我国一些地区农民文化素质还不高，不学法、不懂法、不守法现象虽然较原来有所改变，但仍有相当一部分群众的法制观念仍很淡化，不懂、不愿借助法律来保护自身权益，这就极易受到不法的侵害，或极易进行违法犯罪活动，严重阻碍了全面建成小康社会和新农村步伐。

为此，根据党和政府的指示精神以及普法规划，特别是根据广大农村农民的现状，在有关部门和专家的指导下，特别编辑了这套《全国普法学习读本》。主要包括了广大人民群众应知应懂、实际实用的法律法规。为了辅导学习，附录还收入了相应法律法规的条例准则、实施细则、解读解答、案例分析等；同时为了突出法律法规的实际实用特点，兼顾地方性和特殊性，附录还收入了部分某些地方性法律法规以及非法律法规的政策文件、管理制度、应用表格等内容，拓展了本书的知识范围，使法律法规更"接地气"，便于读者学习掌握和实际应用。

在众多法律法规中，我们通过甄别，淘汰了废止的，精选了最新的、权威的和全面的。但有部分法律法规有些条款不适应当下情况了，却没有颁布新的，我们又不能擅自改动，只得保留原有条款，但附录却有相应的补充修改意见或通知等。众多法律法规根据不同内容和受众特点，经过归类组合，优化配套。整套普法读本非常全面系统，具有很强的学习性、实用性和指导性，非常适合用于广大农村和城乡普法学习教育与实践指导。总之，是全国全民普法的良好读本。

目　录

信访条例

司法行政机关信访工作办法（试行）

公安机关信访工作规定

人民检察院信访工作规定

信访条例

中华人民共和国国务院令

第 431 号

《信访条例》已经 2005 年 1 月 5 日国务院第 76 次常务会议通过，现予公布，自 2005 年 5 月 1 日起施行。

总理　温家宝

二〇〇五年一月十日

第一章　总　　则

第一条　为了保持各级人民政府同人民群众的密切联系，保护信访人的合法权益，维护信访秩序，制定本条例。

第二条　本条例所称信访，是指公民、法人或者其他组织采用书信、电子邮件、传真、电话、走访等形式，向各级人民政府、县级以上人民政府工作部门反映情况，提出建议、意见或者投诉请求，依法由有关行政机关处理的活动。

采用前款规定的形式，反映情况，提出建议、意见或者投诉请求的公民、法人或者其他组织，称信访人。

第三条　各级人民政府、县级以上人民政府工作部门应当做好信访工作，认真处理来信、接待来访，倾听人民群众的意见、建议和要求，接受人民群众的监督，努力为人民群众服务。

各级人民政府、县级以上人民政府工作部门应当畅通信访渠道，为信访人采用本条例规定的形式反映情况，提出建议、意见或者投诉请求提供便利条件。

任何组织和个人不得打击报复信访人。

第四条　信访工作应当在各级人民政府领导下，坚持属地管理、分级负责，谁主管、谁负责，依法、及时、就地解决问题与疏导教育相结合的原则。

第五条　各级人民政府、县级以上人民政府工作部门应当科学、民主决策，依法履行职责，从源头上预防导致信访事项的矛盾和纠纷。

县级以上人民政府应当建立统一领导、部门协调，统筹兼顾、标本兼治，各负其责、齐抓共管的信访工作格局，通过联席会议、建立排查调处机制、建立信访督查工作制度等方式，及时化解矛盾和纠纷。

各级人民政府、县级以上人民政府各工作部门的负责人应当阅批重要来信、接待重要来访、听取信访工作汇报，研究解决信访工作中的突出问题。

第六条 县级以上人民政府应当设立信访工作机构；县级以上人民政府工作部门及乡、镇人民政府应当按照有利工作、方便信访人的原则，确定负责信访工作的机构（以下简称信访工作机构）或者人员，具体负责信访工作。

县级以上人民政府信访工作机构是本级人民政府负责信访工作的行政机构，履行下列职责：

（一）受理、交办、转送信访人提出的信访事项；

（二）承办上级和本级人民政府交由处理的信访事项；

（三）协调处理重要信访事项；

（四）督促检查信访事项的处理；

（五）研究、分析信访情况，开展调查研究，及时向本级人民政府提出完善政策和改进工作的建议；

（六）对本级人民政府其他工作部门和下级人民政府信访工作机构的信访工作进行指导。

第七条 各级人民政府应当建立健全信访工作责任制，对信访工作中的失职、渎职行为，严格依照有关法律、行政法规和本条例的规定，追究有关责任人员的责任，并在一定范围内予以通报。

各级人民政府应当将信访工作绩效纳入公务员考核体系。

第八条 信访人反映的情况，提出的建议、意见，对国民经济和社会发展或者对改进国家机关工作以及保护社会公共利益有贡献的，由有关行政机关或者单位给予奖励。

对在信访工作中做出优异成绩的单位或者个人，由有关行政机关给予奖励。

第二章 信访渠道

第九条 各级人民政府、县级以上人民政府工作部门应当向社会公布信访工作机构的通信地址、电子信箱、投诉电话、信访接待的时间和地点、查询信访事项处理进展及结果的方式等相关事项。

各级人民政府、县级以上人民政府工作部门应当在其信访接待场所或者网站公布与信访工作有关的法律、法规、规章,信访事项的处理程序,以及其他为信访人提供便利的相关事项。

第十条 设区的市级、县级人民政府及其工作部门,乡、镇人民政府应当建立行政机关负责人信访接待日制度,由行政机关负责人协调处理信访事项。信访人可以在公布的接待日和接待地点向有关行政机关负责人当面反映信访事项。

县级以上人民政府及其工作部门负责人或者其指定的人员,可以就信访人反映突出的问题到信访人居住地与信访人面谈沟通。

第十一条 国家信访工作机构充分利用现有政务信息网络资源,建立全国信访信息系统,为信访人在当地提出信访事项、查询信访事项办理情况提供便利。

县级以上地方人民政府应当充分利用现有政务信息网络资源,建立或者确定本行政区域的信访信息系统,并与上级人民政府、政府有关部门、下级人民政府的信访信息系统实现互联互通。

第十二条 县级以上各级人民政府的信访工作机构或者有关工作部门应当及时将信访人的投诉请求输入信访信息系统,信访人可以持行政机关出具的投诉请求受理凭证到当地人民政府的信访工作机构或者有关工作部门的接待场所查询其所提出的投诉请求的办理情况。具体实施办法和步骤由省、自治区、直辖市人民政府规定。

第十三条 设区的市、县两级人民政府可以根据信访工作的实际需要,建立政府主导、社会参与、有利于迅速解决纠纷的工作机制。

信访工作机构应当组织相关社会团体、法律援助机构、相关专业人员、社会志愿者等共同参与,运用咨询、教育、协商、调解、听证等方法,依法、及时、合理处理信访人的投诉请求。

第三章 信访事项的提出

第十四条 信访人对下列组织、人员的职务行为反映情况,提出建议、意见,或者不服下列组织、人员的职务行为,可以向有关行政机关提出信访事项:

(一)行政机关及其工作人员;

(二)法律、法规授权的具有管理公共事务职能的组织及其工作人员;

(三)提供公共服务的企业、事业单位及其工作人员;

(四)社会团体或者其他企业、事业单位中由国家行政机关任命、派出的人员;

（五）村民委员会、居民委员会及其成员。

对依法应当通过诉讼、仲裁、行政复议等法定途径解决的投诉请求，信访人应当依照有关法律、行政法规规定的程序向有关机关提出。

第十五条 信访人对各级人民代表大会以及县级以上各级人民代表大会常务委员会、人民法院、人民检察院职权范围内的信访事项，应当分别向有关的人民代表大会及其常务委员会、人民法院、人民检察院提出，并遵守本条例第十六条、第十七条、第十八条、第十九条、第二十条的规定。

第十六条 信访人采用走访形式提出信访事项，应当向依法有权处理的本级或者上一级机关提出；信访事项已经受理或者正在办理的，信访人在规定期限内向受理、办理机关的上级机关再提出同一信访事项的，该上级机关不予受理。

第十七条 信访人提出信访事项，一般应当采用书信、电子邮件、传真等书面形式；信访人提出投诉请求的，还应当载明信访人的姓名（名称）、住址和请求、事实、理由。

有关机关对采用口头形式提出的投诉请求，应当记录信访人的姓名（名称）、住址和请求、事实、理由。

第十八条 信访人采用走访形式提出信访事项的，应当到有关机关设立或者指定的接待场所提出。

多人采用走访形式提出共同的信访事项的，应当推选代表，代表人数不得超过5人。

第十九条 信访人提出信访事项，应当客观真实，对其所提供材料内容的真实性负责，不得捏造、歪曲事实，不得诬告、陷害他人。

第二十条　信访人在信访过程中应当遵守法律、法规，不得损害国家、社会、集体的利益和其他公民的合法权利，自觉维护社会公共秩序和信访秩序，不得有下列行为：

（一）在国家机关办公场所周围、公共场所非法聚集，围堵、冲击国家机关，拦截公务车辆，或者堵塞、阻断交通的；

（二）携带危险物品、管制器具的；

（三）侮辱、殴打、威胁国家机关工作人员，或者非法限制他人人身自由的；

（四）在信访接待场所滞留、滋事，或者将生活不能自理的人弃留在信访接待场所的；

（五）煽动、串联、胁迫、以财物诱使、幕后操纵他人信访或者以信访为名借机敛财的；

（六）扰乱公共秩序、妨害国家和公共安全的其他行为。

第四章　信访事项的受理

第二十一条　县级以上人民政府信访工作机构收到信访事项，应当予以登记，并区分情况，在 15 日内分别按下列方式处理：

（一）对本条例第十五条规定的信访事项，应当告知信访人分别向有关的人民代表大会及其常务委员会、人民法院、人民检察院提出。对已经或者依法应当通过诉讼、仲裁、行政复议等法定途径解决的，不予受理，但应当告知信访人依照有关法律、行政法规规定程序向有关机关提出。

（二）对依照法定职责属于本级人民政府或者其工作部门处理决定的信访事项，应当转送有权处理的行政机关；情况重大、紧急的，应当及时提出建议，报请本级人民政府决定。

（三）信访事项涉及下级行政机关或者其工作人员的，按照"属地管理、分级负责，谁主管、谁负责"的原则，直接转送有权处理的行政机关，并抄送下一级人民政府信访工作机构。

县级以上人民政府信访工作机构要定期向下一级人民政府信访工作机构通报转送情况，下级人民政府信访工作机构要定期向上一级人民政府信访工作机构报告转送信访事项的办理情况。

（四）对转送信访事项中的重要情况需要反馈办理结果的，可以直接交由有权处理的行政机关办理，要求其在指定办理期限内反馈结果，提交办结报告。

按照前款第（二）项至第（四）项规定，有关行政机关应当自收到转送、交办的信访事项之日起15日内决定是否受理并书面告知信访人，并按要求通报信访工作机构。

第二十二条 信访人按照本条例规定直接向各级人民政府信访工作机构以外的行政机关提出的信访事项，有关行政机关应当予以登记；对符合本条例第十四条第一款规定并属于本机关法定职权范围的信访事项，应当受理，不得推诿、敷衍、拖延；对不属于本机关职权范围的信访事项，应当告知信访人向有权的机关提出。

有关行政机关收到信访事项后，能够当场答复是否受理的，应当当场书面答复；不能当场答复的，应当自收到信访事项之日起 15 日内书面告知信访人。但是，信访人的姓名（名称）、住址不清的除外。

有关行政机关应当相互通报信访事项的受理情况。

第二十三条 行政机关及其工作人员不得将信访人的检举、揭发材料及有关情况透露或者转给被检举、揭发的人员或者单位。

第二十四条 涉及两个或者两个以上行政机关的信访事项，由所涉及的行政机关协商受理；受理有争议的，由其共同的上一级行政机关决定受理机关。

第二十五条 应当对信访事项作出处理的行政机关分立、合并、撤销的，由继续行使其职权的行政机关受理；职责不清的，由本级人民政府或者其指定的机关受理。

第二十六条 公民、法人或者其他组织发现可能造成社会影响的重大、紧急信访事项和信访信息时，可以就近向有关行政机关报告。地方各级人民政府接到报告后，应当立即报告上一级人民政府；必要时，通报有关主管部门。县级以上地方人民政府有关部门接到报告后，应当立即报告本级人民政府和上一级主管部门；必要时，通报有关主管部门。国务院有关部门接到报告后，应当立即报告国务院；必要时，通报有关主管部门。

行政机关对重大、紧急信访事项和信访信息不得隐瞒、谎报、缓报，或者授意他人隐瞒、谎报、缓报。

第二十七条 对于可能造成社会影响的重大、紧急信访事项和信访信息，有关行政机关应当在职责范围内依法及时采取措施，防止不良影响的产生、扩大。

第五章　信访事项的办理和督办

　　第二十八条　行政机关及其工作人员办理信访事项，应当恪尽职守、秉公办事，查明事实、分清责任，宣传法制、教育疏导，及时妥善处理，不得推诿、敷衍、拖延。

　　第二十九条　信访人反映的情况，提出的建议、意见，有利于行政机关改进工作、促进国民经济和社会发展的，有关行政机关应当认真研究论证并积极采纳。

　　第三十条　行政机关工作人员与信访事项或者信访人有直接利害关系的，应当回避。

　　第三十一条　对信访事项有权处理的行政机关办理信访事项，应当听取信访人陈述事实和理由；必要时可以要求信访人、有关组织和人员说明情况；需要进一步核实有关情况的，可以向其他组织和人员调查。

　　对重大、复杂、疑难的信访事项，可以举行听证。听证应当公开举行，通过质询、辩论、评议、合议等方式，查明事实，分清责任。听证范围、主持人、参加人、程序等由省、自治区、直辖市人民政府规定。

　　第三十二条　对信访事项有权处理的行政机关经调查核实，应当依照有关法律、法规、规章及其他有关规定，分别作出以下处理，并书面答复信访人：

　　（一）请求事实清楚，符合法律、法规、规章或者其他有关规定的，予以支持；

　　（二）请求事由合理但缺乏法律依据的，应当对信访人做好解释工作；

（三）请求缺乏事实根据或者不符合法律、法规、规章或者其他有关规定的，不予支持。

有权处理的行政机关依照前款第（一）项规定作出支持信访请求意见的，应当督促有关机关或者单位执行。

第三十三条　信访事项应当自受理之日起 60 日内办结；情况复杂的，经本行政机关负责人批准，可以适当延长办理期限，但延长期限不得超过 30 日，并告知信访人延期理由。法律、行政法规另有规定的，从其规定。

第三十四条　信访人对行政机关作出的信访事项处理意见不服的，可以自收到书面答复之日起 30 日内请求原办理行政机关的上一级行政机关复查。收到复查请求的行政机关应当自收到复查请求之日起 30 日内提出复查意见，并予以书面答复。

第三十五条　信访人对复查意见不服的，可以自收到书面答复之日起 30 日内向复查机关的上一级行政机关请求复核。收到复核请求的行政机关应当自收到复核请求之日起 30 日内提出复核意见。

复核机关可以按照本条例第三十一条第二款的规定举行听证，经过听证的复核意见可以依法向社会公示。听证所需时间不计算在前款规定的期限内。

信访人对复核意见不服，仍然以同一事实和理由提出投诉请求的，各级人民政府信访工作机构和其他行政机关不再受理。

第三十六条　县级以上人民政府信访工作机构发现有关行政机关有下列情形之一的，应当及时督办，并提出改进建议：

（一）无正当理由未按规定的办理期限办结信访事项的；

（二）未按规定反馈信访事项办理结果的；

（三）未按规定程序办理信访事项的；

（四）办理信访事项推诿、敷衍、拖延的；

（五）不执行信访处理意见的；

（六）其他需要督办的情形。

收到改进建议的行政机关应当在 30 日内书面反馈情况；未采纳改进建议的，应当说明理由。

第三十七条 县级以上人民政府信访工作机构对于信访人反映的有关政策性问题，应当及时向本级人民政府报告，并提出完善政策、解决问题的建议。

第三十八条 县级以上人民政府信访工作机构对在信访工作中推诿、敷衍、拖延、弄虚作假造成严重后果的行政机关工作人员，可以向有关行政机关提出给予行政处分的建议。

第三十九条 县级以上人民政府信访工作机构应当就以下事项向本级人民政府定期提交信访情况分析报告：

（一）受理信访事项的数据统计、信访事项涉及领域以及被投诉较多的机关；

（二）转送、督办情况以及各部门采纳改进建议的情况；

（三）提出的政策性建议及其被采纳情况。

第六章 法律责任

第四十条 因下列情形之一导致信访事项发生，造成严重后果的，对直接负责的主管人员和其他直接责任人员，依照有关法律、行政法规的规定给予行政处分；构成犯罪的，依法追究刑事责任：

（一）超越或者滥用职权，侵害信访人合法权益的；

（二）行政机关应当作为而不作为，侵害信访人合法权益的；

（三）适用法律、法规错误或者违反法定程序，侵害信访人合法权益的；

（四）拒不执行有权处理的行政机关作出的支持信访请求意见的。

第四十一条　县级以上人民政府信访工作机构对收到的信访事项应当登记、转送、交办而未按规定登记、转送、交办，或者应当履行督办职责而未履行的，由其上级行政机关责令改正；造成严重后果的，对直接负责的主管人员和其他直接责任人员依法给予行政处分。

第四十二条　负有受理信访事项职责的行政机关在受理信访事项过程中违反本条例的规定，有下列情形之一的，由其上级行政机关责令改正；造成严重后果的，对直接负责的主管人员和其他直接责任人员依法给予行政处分：

（一）对收到的信访事项不按规定登记的；

（二）对属于其法定职权范围的信访事项不予受理的；

（三）行政机关未在规定期限内书面告知信访人是否受理信访事项的。

第四十三条　对信访事项有权处理的行政机关在办理信访事项过程中，有下列行为之一的，由其上级行政机关责令改正；造成严重后果的，对直接负责的主管人员和其他直接责任人员依法给予行政处分：

（一）推诿、敷衍、拖延信访事项办理或者未在法定期限内办结信访事项的；

（二）对事实清楚，符合法律、法规、规章或者其他有关规定的投诉请求未予支持的。

第四十四条 行政机关工作人员违反本条例规定，将信访人的检举、揭发材料或者有关情况透露、转给被检举、揭发的人员或者单位的，依法给予行政处分。

行政机关工作人员在处理信访事项过程中，作风粗暴，激化矛盾并造成严重后果的，依法给予行政处分。

第四十五条 行政机关及其工作人员违反本条例第二十六条规定，对可能造成社会影响的重大、紧急信访事项和信访信息，隐瞒、谎报、缓报，或者授意他人隐瞒、谎报、缓报，造成严重后果的，对直接负责的主管人员和其他直接责任人员依法给予行政处分；构成犯罪的，依法追究刑事责任。

第四十六条 打击报复信访人，构成犯罪的，依法追究刑事责任；尚不构成犯罪的，依法给予行政处分或者纪律处分。

第四十七条 违反本条例第十八条、第二十条规定的，有关国家机关工作人员应当对信访人进行劝阻、批评或者教育。

经劝阻、批评和教育无效的，由公安机关予以警告、训诫或者制止；违反集会游行示威的法律、行政法规，或者构成违反治安管理行为的，由公安机关依法采取必要的现场处置措施、给予治安管理处罚；构成犯罪的，依法追究刑事责任。

第四十八条 信访人捏造歪曲事实、诬告陷害他人，构成犯罪的，依法追究刑事责任；尚不构成犯罪的，由公安机关依法给予治安管理处罚。

第七章 附 则

第四十九条 社会团体、企业事业单位的信访工作参照本条例执行。

第五十条 对外国人、无国籍人、外国组织信访事项的处理，参照本条例执行。

第五十一条 本条例自 2005 年 5 月 1 日起施行。1995 年 10 月 28 日国务院发布的《信访条例》同时废止。

附 录

信访工作责任制实施办法

厅字〔2016〕32号

（2016年10月8日中共中央办公厅、国务院办公厅印发）

第一章 总 则

第一条 为了进一步落实各级党政机关及其领导干部、工作人员信访工作责任，从源头上预防和减少信访问题发生，推动信访问题及时就地解决，依法维护群众合法权益，促进社会和谐稳定，根据国家有关法律法规和中央有关规定，制定本办法。

第二条 本办法所称党政机关，包括党的机关、人大机关、行政机关、政协机关、审判机关、检察机关。

各级党政机关派出机构、直属事业单位以及工会、共青团、妇联等人民团体适用本办法。

国有和国有控股企业参照本办法执行。

第三条 落实信访工作责任制，以邓小平理论、"三个代表"重要思想、科学发展观为指导，深入贯彻习近平总书记系列重要讲话精神，按照"属地管理、分级负责，谁主管、谁负责，依法、及时、就地解决问题与疏导教育相结合"的工作原则，综合运用督查、考核、惩戒等措施，依法规范各级党政机关履行信访工作职责，把信访突出问题处理好，把群众合理合法利益诉求解决好，确保中央关于信访工作决策部署贯彻落实。

第二章 责任内容

第四条 各级党政机关应当将信访工作列入议事日程，定期听取工作汇报、分析信访形势、研究解决工作中的重要问题，从人力物力财力上保证信访工作顺利开展；应当科学、民主决策，依法履行职责，从源头上预防和减少导致信访问题的矛盾和纠纷。

党政机关领导班子主要负责人对本地区、本部门、本系统的信访工作负总责，其他成员根据工作分工，对职权范围内的信访工作负主要领导责任。

各级领导干部应当阅批群众来信和网上信访，定期接待群众来访，协调处理疑难复杂信访问题。

第五条 各级党政机关工作部门对属于本部门职权范围内的信访事项，应当依照有关法律法规规定和程序，及时妥善处理。

垂直管理部门负责本系统的信访工作，应当督促下级部门和单位依法、及时、就地解决信访问题。

第六条 地方各级党委和政府在预防和处理本地区信访问题中负有主体责任，应当加强矛盾纠纷排查化解和信访风险防控预警，针对具体问题明确责任归属，协调督促有关责任部门和单位依法、及时、就地解决，并加强对信访群众的疏导教育。

第七条 各级信访部门应当在党委和政府的统一领导下，协调、指导和监督本地区的信访工作，依照法定程序和诉讼与信访分离制度受理、交办、转送和督办信访事项，协调处理重要信访问题，分析研究信访情况，提出改进工作、完善政策和给予处分的建议。

第八条 各级党政机关工作人员在处理信访事项过程中，应当遵守群众纪律，秉公办事、清正廉洁、保守秘密、热情周到。

第三章 督查考核

第九条 各级党政机关应当将信访工作纳入督查范围，对本地区、本部门、本系统信访工作开展和责任落实情况，每年至少组织开展一次专项督查，并在适当范围内通报督查情况。

第十条 各级党政机关应当以依法、及时、就地解决信访问题为导向，建立健全信访工作考核评价机制，制定科学合理的考核评价标准和指标体系，定期对本地区、本部门、本系统信访工作情况进行考核。考核结果作为对领导班子和领导干部综合考评的重要参考。

各级组织人事部门在干部考察工作中，应当听取信访部门意见，了解掌握领导干部履行信访工作职责情况。

国家信访局负责对各省、自治区、直辖市信访工作情况进行年度考核。对工作成效明显的省、自治区、直辖市予以通报表扬；对问题较多的省、自治区、直辖市，加强工作指导，督促解决存在的问题。

第四章　责任追究

第十一条　各级党政机关及其领导干部、工作人员不履行或者未能正确履行本办法所列责任内容，有下列情形之一的，应当追究责任：

（一）因决策失误、工作失职，损害群众利益，导致信访问题产生，造成严重后果的；

（二）未按照规定受理、交办、转送和督办信访事项，或者不执行信访事项处理意见，严重损害信访群众合法权益的；

（三）违反群众纪律，对应当解决的群众合理合法诉求消极应付、推诿扯皮，或者对待信访群众态度恶劣、简单粗暴，损害党群干群关系，造成严重后果的；

（四）对发生的集体访或者信访负面舆情处置不力，导致事态扩大，造成不良影响的；

（五）对信访部门提出的改进工作、完善政策和给予处分等建议重视不够、落实不力，导致问题长期得不到解决的；

（六）其他应当追究责任的失职失责情形。

对前款规定中涉及的集体责任，领导班子主要负责人和直接主管的负责人承担主要领导责任，参与决策和工作的班子其他成员承担重要领导责任，对错误决策或者行为提出明确反对意见而没有被采纳的，不承担领导责任；涉及的个人责任，具体负责的工作人员承担直接责任，领导班子主要负责人和直接主管的负责人承担领导责任。

第十二条 根据情节轻重，对各级党政机关领导干部、工作人员的责任追究采取通报、诫勉、组织调整或者组织处理、纪律处分的方式进行。上述追责方式，可以单独使用，也可以合并使用。

涉嫌违法犯罪的，按照国家有关法律规定处理。

第十三条 对具有本办法第十一条所列情形、情节较轻的，由有管理权限的党政机关对相关责任人进行通报，限期整改。

第十四条 对受到通报后仍未按期完成整改目标，或者具有本办法第十一条所列情形且危害严重以及影响重大的，由有管理权限的党政机关对相关责任人进行诫勉，督促限期整改。同时，取消该地区、部门和单位本年度评选综合性荣誉称号的资格。

第十五条 对受到诫勉后仍未按期完成整改目标，或者有本办法第十一条所列情形且危害特别严重以及影响特别重大的，由有管理权限的党政机关对相关责任人采取停职检查、调整职务、责令辞职、降职、免职等组织调整或者组织处理措施。

第十六条 对在信访工作中失职失责的相关责任人，应当给予党纪政纪处分的，依纪依法追究责任。

第五章 附 则

第十七条 各省、自治区、直辖市，中央和国家机关各部门，可以根据本办法制定实施细则。

中央军事委员会可以根据本办法，结合中国人民解放军和中国人民武装警察部队的实际情况，制定具体规定。

第十八条 本办法由国家信访局负责解释。

第十九条 本办法自 2016 年 10 月 8 日起施行。此前发布的有关信访工作责任制的规定，凡与本办法不一致的，按照本办法执行。

信访事项简易办理办法（试行）

信访局关于印发《信访事项简易
办理办法（试行）》的通知
国信发〔2016〕8号

各省、自治区、直辖市和计划单列市、新疆生产建设兵团信访局（办），中央和国家机关各部委、军委政治工作部、武警部队、有关人民团体信访局（办、处），中央管理的有关国有重要骨干企业信访处（办）：

为认真贯彻落实党的十八大和十八届三中、四中、五中全会精神以及中央关于信访工作制度改革的要求，更好地推动及时就地解决信访问题，根据《信访条例》等规定，结合工作实际，国家信访局研究制定了《信访事项简易办理办法（试行）》。现予印发，请遵照执行。

国家信访局

2016年6月29日

第一条 为进一步深化信访工作制度改革，推动及时就地解决信访问题，根据《信访条例》和《信访事项网上办理工作规程（试行）》等规定，结合工作实际，制定本办法。

第二条 信访事项简易办理是指各级信访工作机构和行政

机关按照工作职责，针对诉求简单明了的信访事项，简化程序，缩短时限，更加方便快捷地受理、办理。

第三条 信访事项简易办理应当遵循依法合规、简便务实、灵活高效的原则。

第四条 下列初次信访事项适用简易办理：

（一）事实清楚、责任明确、争议不大、易于解决的；

（二）提出咨询或意见建议、表达感谢，可以即时反馈的；

（三）涉及群众日常生产生活、时效性强，应当即时处理的；

（四）行政机关已有明确承诺或结论的；

（五）其他可以简易办理的。

第五条 下列信访事项不适用简易办理：

（一）上级信访工作机构、行政机关交办的；

（二）可能对信访人诉求不予支持的；

（三）已经进入或依法可以通过法定行政程序处理的；

（四）涉及多个责任主体或集体联名投诉的重大、复杂、疑难等不宜简易办理的。

第六条 信访事项是否适用简易办理，由有权处理的行政机关决定，县级以上信访工作机构和上级行政机关可以提出简易办理建议。

第七条 县级以上信访工作机构和上级行政机关对提出简易办理建议的信访事项，可以通过信访信息系统直接转送有权处理的行政机关，并抄送下一级信访工作机构；不具备直接转送条件的，各中间层级单位应当依次在收到信访事项之日起1个工作日内通过信访信息系统完成转送。

第八条 对适用简易办理的信访事项，有权处理的行政机关应当在收到之日起3个工作日内决定是否受理。可以当即决定的，应当当即告知信访人。

除信访人要求出具纸质受理告知书的，可以当面口头或通过信息网络、电话、手机短信等快捷方式告知信访人。告知情况应当录入信访信息系统。

第九条 对适用简易办理的信访事项，有权处理的行政机关应当在受理之日起10个工作日内作出处理意见。可以当即答复的，应当当即出具处理意见。

除信访人要求出具纸质处理意见书的，可以通过信息网络、手机短信等快捷方式答复信访人。答复情况应当录入信访信息系统。

第十条 有权处理的行政机关在办理过程中，发现不宜简易办理或简易办理未妥善解决的，应当经本机关负责人批准，按《信访条例》规定的普通程序继续办理。属上级信访工作机构或者行政机关提出简易办理建议的，应当向提出建议的单位反馈情况并说明理由。

按《信访条例》规定的普通程序继续办理的信访事项，办理时限从按照简易办理程序受理之日起计算。

第十一条 县级以上信访工作机构和行政机关应当对简易办理工作加强指导和监督。对可以简易办理的信访事项推诿拖延，或者以简易办理为名损害信访人权益的，要督促限期改正；造成严重后果的，依法依规追究信访工作责任。

第十二条 本办法由国家信访局负责解释。

第十三条 本办法自2016年7月1日起施行。

依法分类处理信访诉求工作规则

国信发〔2017〕19号

第一条 为了进一步规范依法分类处理信访诉求工作，保障合理合法诉求依照法律规定和程序就能得到合理合法的结果，根据《信访条例》和相关法律法规，制定本规则。

第二条 本规则适用于各级行政机关对信访诉求的分类处理，但已经、正在或者依法应当通过诉讼、仲裁、行政复议解决的除外。

前款所指依法应当通过诉讼、仲裁、行政复议解决的信访诉求，主要包括：根据法律规定应由人民法院、人民检察院、公安机关通过刑事立案处理的事项；行政相对人不服行政复议决定的事项；当事人达成有效仲裁协议的事项；其他只能通过诉讼、仲裁、行政复议等法定途径处理的事项。

第三条 县级以上人民政府信访工作机构对收到的信访诉求，应当在国家信访信息系统中予以登记，甄别处理，对属于本规则第二条分类处理范围的信访诉求，在15日内直接或者通过下级信访工作机构转送、交办至有权处理机关，并告知信访人转送、交办去向；对属于本规则第二条除外情形的信访诉求，不予受理，但应当告知信访人依照有关法律、行政法规规定程序向有关机关提出。

转送时可以在国家信访信息系统中提出适用信访程序或者其他法定途径处理的建议。

第四条 县级以上人民政府信访工作机构以外的行政机关收到信访人直接提出的信访诉求，应当对是否属于职责范围进行甄别，按情形分别作出以下处理：

（一）属于本机关职责范围的，应当受理；

（二）属于所属下级机关职责范围的，应当自收到该诉求之日起15日内转送、交办至有权处理机关，并告知信访人转送、交办去向；

（三）不属于本机关及所属下级机关职责范围的，应当自收到该诉求之日起15日内告知信访人不予受理，并告知信访人向有权的机关提出。

第五条 有关行政机关收到上级或者本级人民政府信访工作机构、上级机关转送、交办的信访诉求，应当进行甄别，按情形作出以下处理：

（一）不属于本机关以及所属下级机关职责范围的，应当自收到该诉求之日起5个工作日内向转送、交办机关提出异议，并详细说明理由，经转送、交办机关核实同意后，交还相关材料；

（二）转送、交办机关分类处理建议需要调整的，可以变更原分类处理建议，选择信访或者其他法定途径处理；

（三）不属于以上情形的，依照本规则第四条规定处理。

第六条 对属于本机关职责范围的信访诉求，有权处理机关应当根据诉求的具体情况分别采用以下相应程序处理：

（一）属于申请行政机关查处违法行为、履行保护人身权或者财产权等合法权益法定职责的，行政机关应当依法履行或者答复；

（二）属于《信访条例》以外的其他法律、法规或者规章调整范围，能够适用其他法律、法规、规章或者合法有效的规范性文件设定程序处理的，应当适用相应规定和程序处理；

（三）不属于以上情形的，适用《信访条例》规定的程序处理。

对前款规定中信访人提出的诉求，同时可以通过诉讼解决的，行政机关在受理前可以告知诉讼权利及法定时效，引导其向人民法院提起诉讼，但不得以信访人享有诉讼权利为由免除履行自身法定职责的义务。

第七条 有权处理机关负责信访工作的机构收到转送、交办或者信访人直接提出的诉求，认为应当适用信访程序以外其他法定途径办理的，应当与本机关对该诉求负有办理责任的部门（以下简称责任部门）进行会商，确定处理途径和程序。

有权处理机关应当自收到诉求之日起 15 日内制作包含以下内容的告知书，加盖机关印章或者业务办理专用印章，告知信访人：

（一）拟适用的其他法定途径及依据；

（二）查询或者联系方式；

（三）其他需要告知的内容。

除告知以上内容外，需要依申请启动的，还应当告知其申请需要提供的相关材料。

法律、法规或者规章对受理的时间和告知的形式、内容另有规定的，从其规定。

第八条 有权处理机关认为应当适用信访程序办理的，应当在收到诉求之日起 15 日内出具信访事项受理告知书，加盖信访业务专用章送达信访人。

第九条 有权处理机关负责信访工作的机构与本机关责任部门经会商无法就分类处理信访诉求达成一致意见的，由负责信访工作的机构会同本机关法制工作机构提出处理意见后报请本机关负责人决定。

第十条 对涉及多个行政机关或者涉及多个法定程序的重大、疑难、复杂诉求，县级以上人民政府信访工作机构可以组织有关行政机关协商合议，提出解决问题的方案和工作分工。各方无法达成一致意见时，由县级以上人民政府信访工作机构会同同级政府法制工作机构提出方案、分工后，报请本级人民政府决定。

第十一条 有权处理机关和县级以上人民政府信访工作机构应当建立完善社会力量参与信访工作机制，充分发挥法律顾问和律师在依法分类处理工作中的作用。

第十二条 适用信访程序以外其他法定途径办理的诉求，有权处理机关应当依据相应的规定及程序做出行政处理，并告知信访人救济途径和期限，送达信访人。

对申请行政机关查处违法行为、履行保护人身权或者财产权等合法权益法定职责，但有关法律法规规章和规范性文件中没有具体程序和期限规定的，应当在接到申请之日起两个月内履行或者答复。

对欠缺形式要件的诉求，可以根据情况要求提出该诉求的公民、法人或者其他组织补充。

有权处理机关负责信访工作的机构对适用其他法定途径处理的诉求，应当跟踪处理进展，并将诉求的处理结果录入国家信访信息系统。

第十三条　适用信访程序办理的诉求，有权处理机关可以运用教育、协商、听证等方法，及时妥善处理，按照《信访条例》规定的时限、程序做出信访处理意见书，加盖信访业务专用章并送达信访人。

信访处理意见书及有关材料应当录入国家信访信息系统。

第十四条　行政机关在处理信访诉求过程中，可以通过与信访人和解或对产生争议双方当事人进行调解的方式处理诉求。

行政机关可以在不违反法律、法规强制性规定的情况下，在自由裁量权范围内，与信访人自愿和解；可以经争议双方当事人同意进行调解。经和解、调解达成一致意见的，应当制作和解协议书或调解协议书。

第十五条　信访复查（复核）机关在信访复查（复核）中，发现诉求应当适用信访程序以外其他法定途径而未适用，以信访处理代替行政处理，以信访处理意见代替应当适用信访程序以外其他法定途径作出的行政处理决定或者行政履职行为的，应当区分情况，撤销信访处理（复查）意见，要求原办理机关适用其他法定途径重新处理，或者变更原处理（复查）意见。

第十六条　对有权处理机关正在或者已经适用信访程序以外其他法定途径处理的诉求，信访人再次通过信访渠道反映的，区分下列情形作出相应处理：

（一）以同一事实和理由再次提出同一诉求的，各级人民政府信访工作机构和有权处理机关不再重复处理；

（二）对同一诉求提出新的事实和理由的，各级人民政府信访工作机构应当按照本规则第三条有关规定处理，由有权处理机关认定是否属于新的事实和理由；有权处理机关认定属于新的事实和理由的，按照本规则第七条规定处理；不属于新的事实和理由的，按照本条第一款第（一）项规定处理。

适用信访程序办理的诉求，信访人重复提出信访事项的，按照《信访条例》规定办理。

第十七条　县级以上人民政府信访工作机构发现本级人民政府工作部门或者下级行政机关在分类处理工作中有下列情形的，可以进行督办，并提出改进工作的建议：

（一）应受理而未受理的；

（二）应适用信访程序以外其他法定途径办理而未适用的；

（三）未按规定的期限处理的；

（四）未及时在国家信访信息系统中录入相关信息和材料的；

（五）未按规定反馈交办事项相关情况的；

（六）其他需要督办的情形。

收到改进建议的机关应在 30 日内书面反馈情况，采纳建议的，应列出落实措施和期限；未采纳建议的，应说明理由。

县级以上人民政府信访工作机构发现本级人民政府工作部门或者下级行政机关及其工作人员在分类处理工作中因出现本条第一款规定情形，造成严重后果的，可以根据职责权限提出追责建议。

有权处理机关负责信访工作的机构对本机关责任部门、实行垂直管理的行政机关对所属下级部门可以将本条第一款规定的情形纳入督办范围，并按照本条第三款规定提出追责建议。

第十八条　县级以上人民政府信访工作机构和有权处理机关应当将依法分类处理信访诉求情况纳入信访工作绩效考核范围。

适用信访程序以外其他法定途径办理的诉求，考核及时受理率按照《信访条例》规定的时限计算，考核按期办理率按照相关法律、法规、规章或者本规则第十二条第二款规定的办理期限计算。

第十九条　各级人民政府信访工作机构应当定期统计本部门和同级有权处理机关依法分类处理信访诉求工作情况，及时汇总和反映工作中的问题，并于每年第一季度向上一级人民政府信访工作机构提交上年度依法分类处理信访诉求工作报告。

第二十条　本规则中的送达，属于信访程序的，适用《信访事项网上办理工作规程（试行）》的规定；属于相关法定途径的，适用相关规定。

本规则第三条、第十二条中规定的告知，可以采用短信、信息网络或者提供自行查询方式等形式。

第二十一条　本规则自印发之日起施行。

关于违反信访工作纪律处分暂行规定

中华人民共和国监察部
人力资源和社会保障部 国家信访局令
第 16 号

《关于违反信访工作纪律处分暂行规定》已经监察部 2008 年 3 月 7 日第 3 次部长办公会议、人力资源和社会保障部 2008 年 4 月 17 日第 2 次部务会议、国家信访局 2008 年 4 月 3 日第 3 次局长办公会议通过，并于 2008 年 6 月 22 日由国务院批准。现予以公布，自公布之日起施行。

监察部部长
人力资源社会保障部部长
信访局局长
二〇〇八年六月三十日

第一条 为严格执行处理信访突出问题及群体性事件工作责任制，切实落实领导责任，惩处信访工作违纪行为，维护信访工作秩序，保护信访人合法权益，促进社会和谐稳定，根据《中华人民共和国行政监察法》、《中华人民共和国公务员法》、《信访条例》、《行政机关公务员处分条例》及其他有关法律法规，制定本规定。

第二条　本规定适用于各级行政机关公务员。

第三条　本规定所称违反信访工作纪律，是指违反党和国家有关信访工作的规定的行为。

第四条　本规定所称领导责任，是指有关领导人员在处理信访突出问题及群体性事件时，承担的与领导工作职责相关的责任，分为主要领导责任和重要领导责任。

主要领导责任，是指在其职责范围内，对直接主管的工作不履行或不正确履行职责，对造成的影响或后果负直接领导责任。

重要领导责任，是指在其职责范围内，对应管的工作或参与决策的工作不履行或不正确履行职责，对造成的影响或后果负次要领导责任。

第五条　有下列情形之一的，对负有直接责任者，给予记大过、降级、撤职或者开除处分；负有主要领导责任者，给予记大过、降级或者撤职处分；负有重要领导责任者，给予记过、记大过或者降级处分：

（一）决策违反法律法规和政策，严重损害群众利益，引发信访突出问题或群体性事件的；

（二）主要领导不及时处理重要来信、来访或不及时研究解决信访突出问题，导致矛盾激化，造成严重后果的；

（三）对疑难复杂的信访问题，未按有关规定落实领导专办责任，久拖不决，造成严重后果的。

第六条　有下列情形之一的，对负有直接责任者，给予记大过、降级、撤职或者开除处分；负有主要领导责任者，给予记过、记大过、降级或者撤职处分；负有重要领导责任者，给予警告、记过、记大过或者降级处分：

（一）拒不办理上级机关和信访工作机构交办、督办的重要信访事项，或者编报虚假材料欺骗上级机关，造成严重后果的；

（二）拒不执行有关职能机关提出的支持信访请求意见，引发信访突出问题或群体性事件的；

（三）本地区、单位或部门发生越级集体上访或群体性事件后，未认真落实上级机关的明确处理意见，导致矛盾激化、事态扩大或引发重复越级集体上访，造成较大社会影响的；

（四）不按有关规定落实信访工作机构提出的改进工作、完善政策、给予处分等建议，造成严重后果的；

（五）对可能造成社会影响的重大、紧急信访事项和信访信息，隐瞒、谎报、缓报，或者授意他人隐瞒、谎报、缓报，造成严重后果的。

第七条　有下列情形之一的，对负有直接责任者，给予记过、记大过、降级或者撤职处分；负有主要领导责任者，给予记过、记大过或者降级处分；负有重要领导责任者，给予警告、记过或者记大过处分：

（一）在处理信访事项过程中，工作作风简单粗暴，造成严重后果的；

（二）对信访事项应当受理、登记、转送、交办、答复而未按规定办理或逾期未结，或者应当履行督查督办职责而未履行，造成严重后果的；

（三）在处理信访事项过程中，敷衍塞责、推诿扯皮导致矛盾激化，造成严重后果的；

（四）对重大信访突出问题和群体性事件，应到现场处置而未到现场处置或处置不当，造成严重后果或较大社会影响的。

第八条 有下列情形之一的，对负有直接责任者，给予记大过、降级、撤职或者开除处分；负有主要领导责任者，给予记过、记大过、降级或者撤职处分；负有重要领导责任者，给予警告、记过、记大过或者降级处分：

（一）超越或者滥用职权，侵害公民、法人或者其他组织合法权益，导致信访事项发生，造成严重后果的；

（二）应当作为而不作为，侵害公民、法人或者其他组织合法权益，导致信访事项发生，造成严重后果的；

（三）因故意或重大过失导致认定事实错误，或者适用法律、法规错误，或者违反法定程序，侵害公民、法人或者其他组织合法权益，导致信访事项发生，造成严重后果的。

第九条 违反规定使用警力处置群体性事件，或者滥用警械、强制措施，或者违反规定携带、使用武器的，对负有直接责任者，给予记过、记大过、降级或者撤职处分。造成严重后果的，对负有直接责任者，给予撤职或者开除处分；负有主要领导责任者，给予记过、记大过、降级或者撤职处分；负有重要领导责任者，给予警告、记过、记大过或者降级处分。

第十条 在信访工作中有其他失职、渎职行为，引发信访突出问题或群体性事件的，对负有直接责任者，给予记大过、降级、撤职或者开除处分；负有主要领导责任者，给予记过、记大过、降级或者撤职处分；负有重要领导责任者，给予警告、记过、记大过或者降级处分。

第十一条 有本规定第五条至第十条规定的行为，除给予政纪处分外，对负有领导责任的人员，可同时建议有关机关给予组织处理。

第十二条 有本规定第五条至第十条规定的行为，但未造成较大影响或严重后果的，可以责令作出深刻检查或给予通报批评。

第十三条 对法律、法规授权的具有公共事务管理职能的事业单位中经批准参照《中华人民共和国公务员法》管理的工作人员和其他事业单位中由国家行政机关任命的人员有本规定第五条至第十条规定的行为的，参照本规定执行。

第十四条 本规定由监察部、人力资源和社会保障部、国家信访局负责解释。

第十五条 本规定自公布之日起施行。

国家信访局关于进一步加强
初信初访办理工作的办法

国信发〔2014〕13号

（2014年10月15日国家信访局发布）

为进一步加强初信初访办理工作，规范工作程序，压实首办责任，提高办理质量和效率，根据《信访条例》和《关于创新群众工作方法解决信访突出问题的意见》等法规文件，结合工作实际，制定本办法。

第一条 本办法所称初信初访，是指公民、法人或者其他组织采用书信、网上投诉、电话、走访等形式，首次向各级人民政府、县级以上人民政府工作部门反映情况，提出意见、建议或者投诉请求，依法应当由有关行政机关作出处理的活动。

采用前款规定的形式，反映的情况，提出的意见、建议或者投诉请求，称初信初访事项。

第二条 初信初访办理工作，坚持"属地管理、分级负责，谁主管、谁负责，依法、及时、就地解决问题与疏导教育相结合"原则，实行首办负责制。

第三条 各级人民政府信访工作机构按照《信访条例》规定的程序、期限，负责受理、转送、交办信访人提出的初信初访事项，并进行协调、督办。

各级人民政府信访工作机构以外的行政机关按照《信访条

例》规定的程序、期限，负责受理、办理法定职权范围内的初信初访事项，并书面答复信访人。包括以下两种情形：

（一）信访人首次向本机关提出的信访事项；

（二）本级或上级人民政府信访工作机构首次转送、交办的信访事项。

信访人向不同行政机关或同一行政机关不同部门提出信访事项的，先行收到的机关或部门先行受理，并录入信访信息系统。

第四条　对属于各级人民代表大会以及县级以上各级人民代表大会常务委员会、人民法院、人民检察院职权范围内的初信初访事项，以及已经或者依法应当通过诉讼、仲裁、行政复议等法定途径解决的初信初访事项，各级人民政府信访工作机构和其他行政机关不予受理，但要做好宣传解释工作，并告知信访人依照有关法律法规规定的程序向有关机关提出。

对采用走访形式跨越本级和上一级机关提出的初访事项，上级机关不予受理，按照《国家信访局关于进一步规范信访事项受理办理程序引导来访人依法逐级走访的办法》处理。

第五条　各级人民政府信访工作机构和其他行政机关收到初信初访事项，应及时在信访信息系统中录入信访人姓名（名称）、住址、联系方式、投诉请求、意见建议以及相应的事实、理由等主要内容，做到要素完整、客观、准确。

第六条　县级以上人民政府信访工作机构收到初信初访事项，应在15日内区分不同情况，按下列方式处理，对具备回复条件的，要以电话、书面等形式向信访人反馈：

（一）对投诉请求类初信初访事项，转送、交办给有权处理机关办理。

（二）对意见建议类初信初访事项，其中有利于完善政策、改进工作、促进经济社会发展的，上报本级人民政府作为决策参考，或转送有权处理机关研究。

（三）对揭发控告类初信初访事项，按照纪检监察工作相关规定和干部管理权限，报送有关负责同志或转送纪检监察机关、组织部门处理。

（四）对情况重大、紧急的初信初访事项，应当及时提出建议报请本级人民政府相关负责同志决定。

对网上投诉的初信初访事项，应缩短转送、交办期限，提高工作效率。

第七条　有权处理机关收到初信初访事项，应当在 15 日内决定是否受理，并向信访人出具是否受理告知书。

对跨地区、跨部门、跨行业和人事分离、人户分离、人事户分离的初信初访事项，按照《信访条例》第二十四条和《国家信访局协调"三跨三分离"信访事项工作规范》明确的原则和程序划分责任、受理办理。

第八条　有权处理机关应按照规定的时限和程序办理初信初访事项，向信访人出具处理意见书，并告知请求复查（复核）的期限和机关；依照《信访条例》有关规定，做好复查（复核）工作，并出具复查（复核）意见书。

有权处理机关出具的是否受理告知书、处理意见书、延期告知书、复查（复核）意见书应当要素齐全、格式正确、事实清楚、依据充分，并及时送达信访人或有关人员，严格履行签收等手续。相关文书及送达凭证均要及时录入信访信息系统。

有权处理机关应当按期向交办机关反馈处理意见、督促处理意见的执行，并做好信访人的政策解释和教育疏导工作。

第九条　县级以上人民政府信访工作机构和有权处理机关应为信访人查询初信初访事项办理情况提供便利。对纳入满意度评价范围的初信初访事项的办理过程、处理结果，应通过互联网等方式予以公开，以便于信访人依据查询凭证查询并作出评价。

第十条　县级以上人民政府信访工作机构负责督办本级和下级有权处理机关初信初访事项的受理办理情况。对不按规定登记录入、应当受理而未受理、未按规定期限和程序受理办理、不反馈办理结果或不执行处理意见的，群众评价"不满意"且确因工作不当引发信转访、重复信访或越级走访的，应当及时督办并提出改进工作的建议；情节严重或造成严重后果的，依照《信访条例》和《关于违反信访工作纪律处分暂行规定》等法规文件，向有关地方和部门提出责任追究建议。

县级以上人民政府信访工作机构对收到的初信初访事项应当但未按规定登记、转送、交办，或者应当履行督办职责而未履行的，由其上级机关责令改正。造成严重后果的，按前款所依照的法规文件追究责任。

第十一条　县级以上人民政府信访工作机构应定期考核下一级机关的初信初访办理工作，并在一定范围内通报有关考核情况。各省、自治区、直辖市信访局（办）制定信访工作具体考核意见或办法，应加大初信初访办理工作的考核比重。

第十二条　本办法由国家信访局负责解释。

第十三条　本办法自 2014 年 11 月 1 日起施行。

中央纪委监察部驻国家民委纪检组
监察局信访举报工作办法

关于印发《中央纪委监察部驻国家民委纪检组
监察局信访举报工作办法》的通知

驻民纪发〔2013〕1号

综合室、案件检查室：

《中央纪委监察部驻国家民委纪检组监察局信访举报工作办法》已经10月24日组长办公会议通过，现印发你们，请遵照执行，2009年10月16日驻委纪检组监察局印发的《中央纪委监察部驻国家民委纪检组监察局信访举报工作暂行办法》废止。

中央纪委驻国家民委纪检组

监察部驻国家民委监察局

2013年10月30日

第一条 为规范中央纪委监察部驻国家民委纪检组监察局（以下简称驻委组局）信访举报工作，根据《信访条例》、《中国共产党纪律检查机关控告申诉工作条例》、《监察机关举报工作办法》等规定，制定本办法。

第二条 驻委组局信访举报工作遵循以下基本原则：以党章和法律法规为准绳，以事实为依据，坚持民主集中制，维护当事人的民主权利，实行分级负责、归口管理，解决实际问题同思想教育相结合。

第三条　驻委组局受理对国家民委系统党组织、党员和行政监察对象的检举、控告，国家民委系统党员和行政监察对象不服处分的申诉，对加强国家民委系统党风廉政建设和驻委组局工作的意见和建议。

第四条　驻委组局通过适当方式公布通讯地址、接待地点、举报电话、网站以及电子邮箱等，通过来信、来访、电话和网络等渠道受理信访举报。

第五条　驻委组局确定专人承办信访举报事宜。承办人员要认真仔细审阅信访材料，如实做好电话、接访记录。要明了举报人反映的主要问题、要求和相关关键环节。着重了解被检举和被控告人的自然情况、检举和控告的主要问题及问题发生的时间、地点。对于申诉，着重了解申诉人的自然情况、受处分的情况及申诉的主要理由等。

第六条　承办人员对信访举报统一编号登记，填写《纪检监察机关来信来访拟办单》，并根据下列情况提出办理意见：

（一）反映问题涉嫌违反党纪政纪，线索清楚，具备核实条件的，以及中央纪委监察部等上级机关交办要求上报结果的，进行初步核查；

（二）案情单一、线索清楚、短时间内可以查结的问题，情况紧急、突发性集体上访、侵害群众切身利益，需要尽快查清的问题，反映干部作风、廉洁自律以及不正之风范围内的一般性问题，直接了解和办理；

（三）按照干部管理权限应由国家民委直属机关纪委或委

属事业单位纪检监察部门受理的，转交办理，对比较重要的信访举报件，要求办理机关报送办理结果；

（四）对不属于驻委组局受理范围的信访举报件，转有权机关办理；

（五）对上述（一）至（四）项以外的信访举报件，可存查。

第七条 驻委组局受理的检举、控告，按下列情况报驻委组局领导批示：

（一）反映国家民委党组和行政领导班子成员问题的，报局长和组长阅批，并按要求及时报告中央纪委监察部；

（二）反映国家民委系统司局级干部有关问题的，报局长和组长阅批；

（三）反映国家民委系统处级（含）以下干部及其他问题的，呈报局长阅批，重要件报组长阅批。

第八条 驻委组局受理的申诉和意见、建议，报局长阅批，重要件呈报组长阅批。

第九条 对党中央、国务院和中央纪委监察部及国家民委领导同志批转给驻委组局的信访举报件，报局长和组长阅批。

第十条 所反映问题情况紧急、事关重大以及多人集体上访的，应立即呈报驻委组局领导，尽快研究处理意见。

第十一条 不属于驻委组局受理范围的信访事项，承办人提出不予受理意见及理由，报局长阅批。

第十二条 符合第三条规定属于驻委组局受理范围的信访事项，应当受理，不得推诿。不属于驻委组局受理范围的信访事项，应当告知信访人向有权机关提出。告知后重复信访，不再告知，信访件留存。信访人姓名、地址、联系方式清楚的，承办人应当自收到信访事项之日起 15 日内将受理情况以适当方式告知信访人。

第十三条　建立案件线索集体排查制度，重要案件线索由驻委组局领导组织人员共同研究，提出意见。

第十四条　由驻委组局直接调查处理的信访举报问题，按照领导批示和有关规定组织实施相关工作：

（一）初步核查件按照案件检查工作程序办理。中央纪委监察部交办的重要信访举报件在处理过程中应适时汇报进展情况，处理完毕后上报处理结果。

（二）直接查办的信访举报件，应由二人以上办理，通过分析案情制定调查方案，实施调查并写出调查情况报告。处理意见根据调查情况提出，经组局领导批准后落实。需要追究党纪、政纪责任的，作为违纪案件立案查处；需要追究法律责任的，移送司法机关；情节轻微尚不需给予纪律处分的问题，采取诫勉谈话和函询、批评教育、责令检查、经济退赔等方式处理；需引起有关组织重视并加以整改的苗头性、倾向性问题，应采取约谈相关负责同志、召开专题民主生活会、与组织人事等相关部门沟通、开展警示教育等方式进行信访监督。

（三）举报内容涉及多个部门的问题，约请有关部门共同研究，沟通情况，达成共识，协调落实处理意见。

第十五条　转交办理的信访举报件，由承办人填写驻委组局信访转办单，转有关部门办理。转办要结果的，由承办人草拟转办要结果的函，经驻委组局领导审核签发后，转交有关部门或单位办理，留存复印件。信访转办单和转办要结果函统一编号，并加盖印章。

要适时了解转办件处理情况和办理进度。对转办要结果的重要信访举报，特别是重复信访和人数众多的联名来信，要采取实地督办、电话督办、发函督办、汇报督办等方式进行督促检查。转办 3 个月后未报结果的，应及时责成有关负责人说明原因，对无故拖延的实行问责诫勉谈话。对重大、疑难案件的催办督办要制定方案，经批准后实施。

相关部门和单位上报的调查结果，应进行认真审核，对上报结果没有异议的，经驻委组局领导批准后了结；对上报结果有异议，经驻委组局领导同意，通知承办单位补充调查或重新处理，在规定时限内向驻委组局报送办理结果。必要时，经驻委组局领导批准后，由驻委组局调卷审查或直接调查。

第十六条 保障举报人的合法权利，对举报人的姓名、单位和家庭住址等情况及举报的内容应严格保密，不得将举报材料转给被举报单位、被举报人。转办信访件时，如部分内容的泄露可能造成举报人合法利益受到侵害，应隐去署名将信访举报内容摘转。对承办单位泄露举报人信息和举报内容的责任人，按有关法规条例，追究责任，造成严重后果的给予严肃查处。

保障被举报人的合法权利，未经调查或正在调查处理的举报内容，不得泄漏和扩散。经调查未发现被举报人有违纪问题的，可根据举报造成的不良影响及应被举报人的合理要求，在适当范围内通报情况，澄清事实。

第十七条 信访件在办理过程中，要注意做好内部协调沟通，使承办人了解相关情况，并应建立受理、办理、督办、审核、结案、归档的内部监督制约机制。

第十八条　在信访举报工作中要做好宣传教育工作，引导群众署实名举报、归口反映、逐级举报。

第十九条　按中央纪委监察部案件监督管理室要求，认真做好信访举报定期统计上报工作。对信访举报情况进行定期和不定期汇总分析，及时发现和反映苗头性、倾向性或群众反映强烈的热点问题。

第二十条　按照中央纪委监察部办公厅关于派驻机构档案管理的有关规定，做好驻委组局信访举报档案的分类、收集、整理、立卷、保存、移送和销毁等工作。属于回报结果的信访案件、初步核查件、立案件的信访材料随案卷归档，信访统计报表按年度归入文书档案。不归入档案已办结的信访材料暂存一年后统一销毁。

第二十一条　严格遵守信访工作纪律，对丢失、隐匿或者擅自销毁信访举报材料，泄漏信访举报情况，以及敷衍塞责、推诿扯皮等行为，造成恶劣影响或严重后果的，依照党纪政纪规定追究相关人员责任。

第二十二条　本办法由驻委组局负责解释。

第二十三条　本办法自下发之日起执行。

农村税费改革信访工作管理暂行办法

国务院农村税费改革工作小组关于印发

《农村税费改革信访工作管理暂行办法》的通知

国农改〔2004〕17 号

各省、自治区、直辖市、新疆生产建设兵团农村税费改革领导小组：

　　农村税费改革是我国农村继实行家庭承包经营之后的又一项重大改革，对保障农民合法权益，促进农民减负增收和农业发展，维护农村稳定发挥了积极作用，得到亿万农民的衷心拥护。由于这项改革是在过去问题积累较多、沉淀较深的情况下进行的，随着农村税费改革试点工作的不断推进，特别是一些地方和部门思想认识不到位、基础工作不扎实、政策措施落实不全面，致使群众上访事件时有发生，甚至引发农村一些新的矛盾，影响农村社会稳定，在一定程度上影响了改革效果。为切实做好深化农村税费改革试点工作，巩固和发展改革成果，建立健全农村税费改革信访工作机制，国务院农村税费改革工作小组制定了《农村税费改革信访工作管理暂行办法》。现印发各地，请认真遵照执行。

2004 年 12 月 16 日

第一章 总 则

第一条 为维护农民群众的合法权益,进一步建立健全农村税费改革信访工作管理制度,确保农村税费改革顺利进行,根据《国务院信访条例》以及国家农村税费改革相关文件精神,特制定本办法。

第二条 本办法所称农村税费改革信访是指农村税费改革过程中所涉及的公民、法人及其他组织,采用书信、电子邮件、电话、走访等形式,向各级农村税费改革办公室(以下简称"税改办")反映情况,提出意见、建议和要求,依法应当由各级税改办处理的活动。

第三条 各级税改办应当做好信访工作,认真处理来信、接待来访,倾听人民群众的意见、建议和要求,坚持原则、秉公办事,接受人民群众的监督,努力为人民服务。

第四条 信访工作在各级税改领导机构的领导下,坚持分级负责、归口办理、部门配合,谁主管、谁负责的原则,本着尊重事实与疏导教育相结合的精神,依法、及时、就地、公正解决问题。

第五条 各级税改办的负责人作为信访工作的第一责任人,对信访工作负总责,应当亲自阅批群众来信、接待群众来访,部署研究解决信访工作中存在的问题,检查指导信访工作。各级税改办负责具体受理、办理信访事项,履行工作职责。

第二章 信访人

第六条 信访人是指采用书信、电子邮件、电话、走访等形式向各级税改机关反映农村税费改革试点工作中存在的问题、进展情况等以及提出意见、建议和要求的公民、法人和其他组织。

第七条 信访活动受法律保护。信访活动应遵守法律、法规，不得损害公共利益和他人的合法权益。

第八条 信访人应如实反映情况，提供相关票据、证卡等材料，不得捏造、歪曲事实，不得诽谤、诬告、陷害他人，造成严重后果的要承担法律责任。

第九条 信访人应当遵守信访秩序，不得影响国家机关工作秩序，不得损害接待场所的公共财物，不得纠缠、侮辱、漫骂、殴打、威胁接待人员，不得携带危险品、爆炸品以及管制器械进入接待场所。捏造事实，无理取闹，影响国家机关正常办公秩序，造成恶劣影响或构成犯罪的信访人，依法进行处理。

第十条 多人反映相似或相同意见、建议和要求的，一般采用书信、电话、电子邮件等形式；需要采用走访形式的应当推选代表，代表人数不得超过 5 人。

第三章 工作职责及要求

第十一条 信访工作在各级税改领导机构的领导下，具体由税改办承办，主要履行以下工作职责：

（一）贯彻执行党和国家有关信访工作的方针、政策和法律；

（二）制定农村税费改革信访工作规章、制度；

（三）研究分析信访动态，编写信访通报，部署信访工作任务，及时向税改领导机构及相关领导提供信访信息和解决问题的政策建议；

（四）受理、办理农村税费改革群众来信来访来电；

（五）承办上级机关和领导交办的信访事项；

（六）办理或协助办理重大或异常信访事件；

（七）向下级税改办交办和督促催办农村税费改革信访事项；

（八）指导、督促下级税改办的农村税费改革信访工作；

（九）协助同级信访部门处理有关农村税费改革信访事项；

（十）办理其他部门和单位转交税改办的有关农村税费改革信访事项；

（十一）向信访人宣传农村税费改革法律、法规、规章和政策，提供政策咨询服务；

（十二）其他依法应当履行的职责。

第十二条 税改办及工作人员办理信访事项应当遵守下列规定：

（一）文明接待，坚持原则，尊重信访人的人格，不得刁难、歧视信访人，一视同仁，耐心说服教育和做好解释工作；

（二）对信访事项应当依照国家有关规定处理，不得置之不理或者推诿、敷衍、拖延，不得虚报处理结果；

（三）恪尽职守，秉公办事，不得利用工作之便徇私舞弊；

（四）遵守保密制度，不得泄露信访人要求保密的内容，不得将检举、控告材料及有关情况透露或者转送被检举、控告的人员和单位；

（五）建立健全信访档案，妥善保管信访材料，不得丢失、

隐匿或者擅自销毁信访材料;

（六）其他依法应当遵守的规定。

第十三条 税改办工作人员在处理农村税费改革信访事项时，与信访人或者信访事项有直接利害关系的，应当回避。

第四章　信访工作规则

各级税改办主要承办农村税费改革过程中发生的信访案件，农村历史遗留问题一般不在受理范围。各级税改办在办理信访案件时，应遵守以下规则:

第十四条 拆信。负责群众来信的拆阅。当日来信，当日拆封，将信封、信件及其附件一并装订，做到完整无缺。

第十五条 登记。填写群众信访登记表，认真填写来信来电来访人的姓名、工作单位（或家庭地址）、时间和反映的主要内容。

第十六条 直接办理。信访信息整理登记后，按照职责分工，对应当或者有权做出处理决定的信访事项，应在30个工作日内提出处理意见，报税改办领导核准，直接予以办理。

第十七条 交办。对需作进一步核实的农村税费改革信访事项，按照案件发生属地原则，将信访信息资料报请税改办领导核准后，转交相关地区税改办作进一步核实，提出处理意见，在90个工作日内反馈查办结果。

第十八条 转办。按照行政管理职责分工，将不属税改办职责范围内的信访事项，呈报税改办领导同意后，转请有关部门办理。对来电来访的信访人，做好解释工作，请其向有关部门反映。

第十九条　直接查办。对领导批示或线索较清晰、社会影响较大等信访案件，税改办及有关部门组成联合工作组，通过明察暗访等形式，直接查办案件。

第二十条　催办。上一级税改办转交给下一级税改办的信访案件，应按规定进行催办。对信访人多次反映或已经超过查办期限的，应重点催办。

第二十一条　反馈。下一级税改办在接到上一级税改办的督办通知后，应在规定期限内将查办结果反馈给上一级税改办，并将查办结果通知信访人。

第二十二条　复查。

（一）对税改办处理决定不服的，除依照法律、行政法规的规定申请复议或者提起行政诉讼外，可以自收到处理决定书之日起30天内请求原办理机关复查。原办理机关应当自收到复查请求之日起30日内提出复查意见，并予以答复。

（二）对原办理机关的处理决定或者复查意见不服的，信访人可以自收到处理决定书或复查意见之日起30日内请求上一级税改办进行复查。上一级税改办自收到复查请求之日起30日内，提出复查意见。经复查，信访事项处理决定正确的，上一级税改办不再受理。

第二十三条　编发信访通报。每月初应将上月的信访案件汇总，编印《信访通报》，向下一级税改办通报整个信访工作进展，向税改领导机构及相关领导提供信访信息，反映农村税费改革信访动态。

第二十四条　归档。各级税改办负责信访的同志，应及时清理群众信访案件，将群众信访登记表、信访原件、处理意见和反馈意见等一并归档，妥善装订。保存 5 年，期满销毁。

第五章　奖励与处罚

第二十五条　对信访工作中做出优异成绩的单位或者个人，由各级税改办组织评比，并给予表彰和奖励。

第二十六条　对信访人提出的建议、意见或者对违法行为的检举、揭发，对农村税费改革工作和维护农民群众利益有贡献的，由税改办给予适当奖励。

第二十七条　对信访工作中玩忽职守、徇私舞弊，给工作造成损失的，视情节轻重，给予批评教育或者依照《公务员条例》给予行政处分。

第六章　附　则

第二十八条　本办法解释权归国务院农村税费改革工作小组。

第二十九条　本办法自 2005 年 1 月 1 日起执行。

国家信访局关于进一步规范信访事项受理
办理程序引导来访人依法逐级走访的办法

国信发〔2014〕4号

（2014年4月24日国家信访局发布）

第一条 为进一步强化属地责任、提高信访工作效能，引导来访人依法逐级走访，推动信访事项及时就地解决，根据《信访条例》和《关于创新群众工作方法解决信访突出问题的意见》等法规文件，结合工作实际，制定本办法。

第二条 各级人民政府信访工作机构和其他行政机关要按照《信访条例》"属地管理、分级负责，谁主管、谁负责，依法、及时、就地解决问题与疏导教育相结合"的原则和有关规定，分级受理职责范围内的信访事项，并按规定的程序和期限办理。

第三条 各级人民政府和县级以上人民政府工作部门要高度重视初信初访，及时就地妥善处理信访事项，防止因受理不及时、办理不到位导致信转访或走访上行。

第四条 信访人提出信访事项，一般应当采用书信、电子邮件、网上投诉等书面形式。信访人采用走访形式提出信访事项，应当根据信访事项的性质和管辖层级，到依法有权处理的本级或上一级机关设立或者指定的接待场所提出。首先接谈的机关先行受理，不得推诿。

对跨越本级和上一级机关提出的信访事项，上级机关不予受理，并引导来访人以书面或走访形式向依法有权处理的机关提出，同时将相关情况及时通报下级有关机关。

第五条 各级人民政府信访工作机构和其他行政机关对来访人反映的信访事项要逐一登记，在规定期限内决定是否受理，并告知来访人。有权处理机关必须向来访人出具是否受理告知书。不属于本机关受理范围的，要指明受理机关。

"三跨三分离"信访事项，按照《信访条例》第二十四条和《国家信访局协调"三跨三分离"信访事项工作规范》明确的原则和程序划分责任、受理办理。

第六条 对属于各级人民代表大会以及县级以上各级人民代表大会常务委员会、人民法院、人民检察院职权范围内的信访事项，以及已经或者依法应当通过诉讼、仲裁、行政复议等法定途径解决的，各级人民政府信访工作机构及其他行政机关不予受理，但应当告知来访人依照有关法律、行政法规规定的程序向有关机关提出。

第七条 信访事项已经受理或者正在办理，来访人在规定期限内向受理或办理机关的上级机关再提出同一信访事项的，上级机关不予受理。

第八条 来访人对信访事项处理（复查）意见不服，未提出复查（复核）请求而到上级机关再次走访的，各级人民政府信访工作机构和其他行政机关不予受理，并引导来访人走复查（复核）程序。

第九条 对信访事项处理（复查）意见不服，但无正当理由超过规定期限未请求复查（复核）的，不再受理。

已经省（自治区、直辖市）人民政府复查复核机构审核认定办结，或已经复核终结备案并录入全国信访信息系统的信访事项，来访人仍然以同一事实和理由提出投诉请求的，各级人民政府信访工作机构和其他行政机关不再受理。

第十条　中央和国家机关来访接待部门对应到而未到省级人民政府信访工作机构和其他行政机关提出信访事项，或者省级相关部门正在处理且未超出法定处理期限的，不予受理；信访事项已经复核终结的，不再受理。

第十一条　有权处理机关要在规定期限内办理信访事项，向来访人出具处理意见书，并告知请求复查（复核）的期限和机关。如需延期办理，应当出具延期告知书。来访人请求复查（复核）的，复查（复核）机关应当书面告知是否受理，并在规定期限内出具复查（复核）意见书。

处理意见书、延期告知书、复查（复核）意见书应当及时送达来访人，并严格履行签收手续。

第十二条　各级人民政府信访工作机构和其他行政机关要及时将信访事项信息及受理、办理环节各项书面文书统一录入全国信访信息系统，确保程序规范、数据完整、信息共享。

第十三条　县级以上人民政府信访工作机构负责督办本级和下级有关行政机关的信访事项受理、办理情况。对于不按要求登记录入、应受理而未受理、未按规定期限和程序受理办理信访事项、不执行信访事项处理意见，造成群众越级走访的，按照《信访条例》第三十六条的规定予以督办，提出改进建议，并视情通报；情节严重或造成严重后果的，依据《信访条例》和《关于违反信访工作纪律处分暂行规定》等法规文件，向有关地方和部门提出责任追究建议。

第十四条 各级人民政府信访工作机构和其他行政机关要采取多种形式进行法制宣传教育，引导来访人以书面形式提出信访事项、按照《信访条例》规定的程序逐级走访。

第十五条 各省（自治区、直辖市）人民政府信访工作机构、中央和国家机关来访接待部门要依据《信访条例》和本办法，结合本地区本部门实际，制定实施细则。社会团体、企业事业单位参照本办法执行。

第十六条 本办法由国家信访局负责解释。

第十七条 本办法自 2014 年 5 月 1 日起施行。

关于创新群众工作方法解决信访突出问题的意见

（2014 年 2 月 25 日中共中央办公厅、国务院办公厅发布）

近年来，各地区各部门认真贯彻落实中央决策部署，解决了大量群众生产生活中遇到的困难和问题，赢得了群众拥护，凝聚了党心民心。同时应当看到，一些地方和部门还不同程度地存在损害群众利益、伤害群众感情的现象，引发了大量信访问题，尤其是在征地拆迁、劳动和社会保障、教育医疗、企业改制、环境保护等方面的信访问题比较突出，群众反映强烈。为深入贯彻落实党的十八大和十八届三中全会精神，推动信访工作制度改革，解决好人民群众最关心最直接最现实的利益问题，进一步密切党同人民群众的血肉联系，巩固和扩大党的群众路线教育实践活动成果，夯实党执政的群众基础，促进社会和谐稳定，现就创新群众工作方法、解决信访突出问题提出如下意见。

一、着力从源头上预防和减少信访问题发生

（一）加大保障和改善民生力度

将保障和改善民生作为预防和化解矛盾纠纷的基础性工作，更加注重落实好各项民生政策，优先保障民生支出。针对土地征用、房屋拆迁、劳动和社会保障等方面的突出问题，加强顶层设计，完善相关政策，全力推动落实。

（二）提高科学民主决策水平

完善决策机制和程序，增强决策透明度和公众参与度。建立健全人民建议征集制度，鼓励和引导人民群众对党和政府工作献计献策。对与人民群众利益密切相关的决策事项，要通过举行座谈会、听证会、论证会等形式广泛听取意见，充分考虑大多数人的利益。健全重大决策社会稳定风险评估机制，把社会稳定风险评估作为重大决策出台的前置程序和刚性门槛，对决策可能引发的各种风险进行科学预测、综合研判，确定风险等级并制定相应的化解处置预案。在评估中要充分听取信访、维稳、综治等部门的意见。健全决策纠错改正机制，实时跟踪决策实施情况，及时了解利益相关方和社会公众对决策实施的意见和建议，全面评估决策执行效果，适时决定是否对决策予以调整或者停止执行。落实决策责任追究制度，对违反决策规定、出现重大决策失误而造成重大损失或者恶劣影响的，按照谁决策、谁负责的原则，严肃追究决策者的党纪政纪责任，触犯法律的依法追究其法律责任。

（三）坚持依法办事

各级国家机关及其工作人员要严格按照法定权限和程序行使权力、履行职责。强化各级干部带头学法尊法守法用法意识，提高依法办事能力。依法保障人民群众参与社会治理和公共事务，坚决纠正限制和干涉群众正常信访活动的错误做法。注重运用法治思维和法治方式化解矛盾纠纷，防止以闹求解决、以访谋私利、无理缠访闹访等现象发生。严格落实行政执法责任制，对于不作为、乱作为的，依法追究责任。深化司法体制改革，确保司法公平公正。建立健全冤假错案责任追究制度，实行法官、检察官、人民警察对办案质量终身负责制，严肃查处刑讯逼供、暴力取证、隐匿伪造证据等违法行为，不断提高司法公信力。

（四）改进工作作风

发扬求真务实、真抓实干、密切联系群众的优良作风，深入基层调查研究，解决突出问题。总结推广干部进村入户、送政策送温暖送服务、记民情日记、建民情档案等做法，坚持与群众共同分析研究解决实际问题。坚决反对形式主义、官僚主义、享乐主义和奢靡之风，做到联系群众而不脱离群众、服务群众而不损害群众、解决问题而不引发问题，进一步密切党群干群关系。

二、进一步畅通和规范群众诉求表达渠道

（五）健全公开透明的诉求表达和办理方式

完善民生热线、视频接访、绿色邮政、信访代理等做法，更加重视群众来信尤其是初次来信办理，引导群众更多以书信、电话、传真、视频、电子邮件等形式表达诉求，树立通过上述形式也能有效解决问题的导向。实行网上受理信访制度，大力推行阳光信访，全面推进信访信息化建设，建立网下办理、网上流转的群众信访事项办理程序，实现办理过程和结果可查询、可跟踪、可督办、可评价，增强透明度和公正性；逐步推行信访事项办理群众满意度评价，把办理工作置于群众监督之下，提高信访公信力。

（六）突出领导干部接访下访重点

把领导干部接访下访作为党员干部直接联系群众的一项重要制度，与下基层调查研究、深入联系点、扶贫帮困等结合起来，提高工作实效性。省级领导干部每半年至少 1 天、市厅级领导干部每季度至少 1 天、县（市、区、旗）领导干部每月至少 1 天、乡镇（街道）领导干部每周至少 1 天到信访接待场所，按照属地管理、分级负责的原则接待群众来访，省、市及其工作部门领导干部一般不接待越级上访。在坚持定点接访的同时，更多采取重点约访、专题接访、带案下访、下基层接访、领导包案等方式，把行政资源集中用于解决重大疑难复杂问题、检验施政得失、完善政策措施、加强督查问效上。

（七）完善联合接访运行方式

按照一站式接待、一条龙办理、一揽子解决的要求，在市、县两级全部实行联合接访，减少群众信访成本，提高工作效率。加强对进驻联合接访场所责任部门的动态管理，做到信访问题突出的责任部门及时进驻，信访问题明显减少的责任部门有序退出；推行律师参与接访、心理咨询疏导和专业社会工作服务等第三方介入的方法，促进问题解决。

（八）引导群众依法逐级反映诉求

深入学习宣传贯彻《信访条例》，加快推进信访工作法治化建设。严格落实《信访条例》关于"属地管理、分级负责，谁主管、谁负责，依法、及时、就地解决问题与疏导教育相结合"的原则，健全依法及时就地解决群众合理诉求机制，进一步强化属地责任，积极引导群众以理性合法方式逐级表达诉求，不支持、不受理越级上访。中央和国家机关来访接待部门对应到而未到省级职能部门反映诉求的，或者省级职能部门正在处理且未超出法定处理期限的，或者信访事项已经依法终结的，不予受理。各地可结合实际制定具体实施办法。依法维护信访秩序，对信访活动中的违法犯罪行为，由公安机关依法处理。

（九）充分发挥法定诉求表达渠道作用

按照涉法涉诉信访工作机制改革的总体要求，严格实行诉讼与信访分离，把涉法涉诉信访纳入法治轨道解决，建立涉法涉诉信访依法终结制度。各级政府信访部门对涉法涉诉事项不予受理，引导信访人依照规定程序向有关政法机关提出，或者及时转同级政法机关依法办理。完善法院、检察院、公安、司法行政机关信访事项受理办理制度，落实便民利民措施，为群众提供便捷高效热情服务。完善诉讼、仲裁、行政复议等法定诉求表达方式，使合理合法诉求通过法律程序得到解决。加强司法能力建设，不断满足人民群众日益增长的司法需求，让人民群众在每一个司法案件中都感受到公平正义。

三、健全解决信访突出问题工作机制

（十）完善信访联席会议制度

强化各级信访联席会议综合协调、组织推动、督导落实等职能作用，形成整合资源、解决信访突出问题的工作合力。根据实际需要，及时调整成员单位组成和专项工作小组设置，进一步明确各自职责任务，建立健全相关工作制度，特别注重从政策层面研究解决带有倾向性、普遍性和合理性的突出问题。

（十一）健全解决特殊疑难信访问题工作机制

综合运用法律、政策、经济、行政等手段和教育、协商、调解、疏导等办法，认真解决特殊疑难信访问题，做到诉求合理的解决问题到位，诉求无理的思想教育到位，生活困难的帮扶救助到位，行为违法的依法处理。建立信访听证制度，对疑难复杂信访问题进行公开听证，促进息诉息访；规范信访事项复查复核工作，对已审核认定办结的信访事项不再受理；健全信访事项协商会办等制度，明确相关责任，加大化解"三跨三分离"信访事项力度。

（十二）健全统筹督查督办信访事项工作机制

建立健全党委和政府统一领导、信访联席会议组织实施、相关职能部门共同参与的督查督办工作机制，进一步加大解决和化解信访突出问题的力度。对久拖不决、涉及面广、群众反映强烈、社会关注度高的重大疑难信访突出问题，列入党委和政府督查机构督查范围；采取有针对性的方法，加强对重点地区、重点领域、重点问题的跟踪督查和问效。各级党委和政府要支持信访部门开展督查，重视信访部门提出的改进工作、完善政策、给予处分等建议。

（十三）健全科学合理的信访工作考核评价体系

改进和完善考核方式，综合考虑各地区经济社会发展情况、人口数量、地域特点、信访总量、诉求构成、解决问题的质量和效率等因素，合理设置考核项目和指标，不简单以信访数量多少为标准进行考评，推动各地区把工作重点放在预防和解决问题上。坚持量化考核和综合评议、上级评议和群众评议、平时考核和阶段性考核相结合，提高考核的科学性、客观性和可信度。

（十四）健全经常性教育疏导机制

认真研究把握新形势下思想政治工作特点和规律，教育和引导群众正确认识发展中存在的问题，正确处理个人利益和集体利益、局部利益和全局利益、当前利益和长远利益的关系，确立与当前经济社会发展阶段相适应的心理预期，自觉维护改革发展稳定大局。充分运用现代科技手段，通过建立政务微博、民生微信、民情 QQ 群等方式，搭建联系群众、体察民情、回应民意的新平台，提高互联网时代做好群众思想政治工作的能力和水平。

四、全面夯实基层基础

（十五）健全基层组织网络

进一步强化基层基础工作，把更多人力物力财力投向基层，把问题解决在基层，把矛盾化解在基层。创新党组织设置，推动党的组织和工作全覆盖。加强基层服务型党组织建设，提升基层党组织服务群众、做群众工作的能力和水平。建立健全基层民主管理机制，落实党务公开、政务公开、厂务公开、村务公开制度，充分调动群众民主参与、民主管理、民主监督的积极性。进一步加强乡镇（街道）、村（社区）、机关、企事业单位、社会组织党组织建设，建立健全解决问题、化解矛盾的基层综合服务管理平台。

（十六）组织动员社会力量参与

完善党代表、人大代表、政协委员联系群众制度，组织老干部、老党员、老模范、老教师、老军人等参与解决和化解信访突出问题相关工作。发挥工会、共青团、妇联等人民团体优势，做好组织引导服务群众和维护群众权益工作。制定扶持引导政策，通过政府购买服务、提供办公场所等形式，发挥好社会组织的积极作用。建立健全群众参与机制和激励机制，把群众工作触角延伸到家家户户；引导村（社区）制定符合国家法律的村规民约，运用道德、习俗、伦理的力量调节关系、化解纠纷。

（十七）加大社会矛盾纠纷排查化解工作力度

把矛盾纠纷排查化解工作的重心从事后处理转移到事前预防上来，做到发现得早、化解得了、控制得住、处理得好。健全矛盾纠纷预警机制，加强信息汇集分析研判；推行民情分析会、民情恳谈会等做法，充分发挥村（社区）、企事业单位信息员、调解员的作用。全面推行网格化管理模式，完善信访和人民调解、行政调解、司法调解联动工作体系，实现小事不出村、大事不出乡、矛盾不上交。

五、切实加强组织领导

（十八）严格落实信访工作责任

各级党委和政府要把信访工作作为党的群众工作的重要组成部分和送上门来的群众工作，把创新群众工作方法、解决信访突出问题列入重要议事日程，定期研究部署，认真组织推动。落实主要领导负总责、分管领导具体负责、其他领导一岗双责，一级抓一级、层层抓落实的领导体制，为解决和化解信访突出问题提供组织保障。加大问责力度，对损害群众利益、造成信访突出问题的，对群众反映的问题推诿扯皮、不认真解决造成不良影响的，严肃追究责任。

（十九）强化舆论引导

各级党委宣传部门和新闻媒体要高度重视对创新群众工作方法、解决信访突出问题的正面宣传和舆论引导，大力宣传党委和政府为保障和改善民生所付出的艰苦努力、取得的巨大成绩，大力推广解决群众合理诉求、维护群众合法权益的典型经验和做法，发出主流声音，树立正确导向；选择典型案例，向社会曝光无理缠访闹访、违法聚集滋事而依法受到处理的行为。

（二十）加强信访干部队伍建设

各级党委和政府要重视和加强信访干部队伍建设，根据形势任务需要，不断充实信访工作力量。完善后备干部、新提拔干部和中青年干部到信访部门、信访干部到基层一线挂职锻炼制度；选拔群众工作经验丰富的干部到信访部门工作，重视信访干部的使用，深入开展信访干部交流工作，增强信访干部队伍活力，不断提高做好新形势下群众工作、解决信访突出问题的能力。

各地区各部门要按照中央要求，深入研究和准确把握新形势下群众工作的新特点新规律新要求，进一步转变工作作风，努力提高带着责任和感情做好群众工作的能力、提高解决信访突出问题的能力、提高从源头上预防和化解矛盾纠纷的能力，维护群众合法权益，维护社会公平正义，维护社会和谐稳定。

北京市信访条例

（2006年9月15日北京市第十二届人民代表大会常务委员会第三十次会议修订）

第一章 总 则

第一条 为了保持国家机关同人民群众的密切联系，保护信访人的合法权益，规范信访工作和信访行为，保障信访活动依法有序进行，促进社会主义和谐社会建设，根据《中华人民共和国宪法》、《信访条例》和其他有关法律、行政法规，结合本市实际情况，制定本条例。

第二条 本条例所称信访，是指公民、法人或者其他组织采用书信、电子邮件、传真、电话、走访等形式，向本市国家机关反映情况，提出建议、意见或者投诉请求，依法由有关国家机关处理的活动。

本条例所称信访人，是指采用前款规定的形式，反映情况，提出建议、意见或者投诉请求的公民、法人或者其他组织。

本条例所称信访请求，是指信访人向本市国家机关反映的情况，提出的建议、意见或者投诉请求。

本条例所称信访事项，是指本市国家机关依法受理的信访请求。

本条例所称国家机关，是指本市各级人民代表大会及其常务委员会、人民政府及其工作部门、人民法院和人民检察院。

第三条　本条例适用于本市国家机关的信访工作和信访人的信访活动。

国家机关处理信访请求，法律、行政法规另有规定的，依照法律、行政法规的规定执行。

第四条　国家机关应当加强信访工作，畅通信访渠道，认真处理来信、接待来访，倾听人民群众的意见、建议和要求，接受人民群众的监督，保障信访工作依法有序进行。

第五条　本市信访工作应当遵循下列原则：

（一）属地管理、分级负责，谁主管、谁负责；

（二）依法、及时、就地解决问题与疏导教育相结合；

（三）有关的国家机关、基层组织、社会团体、企业事业单位相互配合；

（四）方便信访人。

第六条　国家机关信访工作实行领导责任制。

国家机关主要负责人对信访工作负总责，主管负责人负主管责任，其他负责人按照工作分工负分管责任。

第七条　国家机关应当将通过信访渠道收集的信息纳入决策评价体系，科学、民主决策，依法履行职责，从源头上预防、化解导致信访事项的社会矛盾和纠纷。

国家机关应当建立健全社会利益协调机制，综合运用法律、行政、经济、政策等手段和教育、协调、调解等方法，依法、及时、合理地处理群众反映的问题。

第八条　国家机关应当建立、健全信访工作责任制，将信访工作纳入机关绩效评价指标体系。

第九条 本市建立矛盾纠纷排查调处制度，对排查出的可能影响社会稳定的重大社会矛盾和纠纷，采取疏导、协调、交办、督办、工作建议等方式予以化解。

国家机关发现重大、紧急信访信息时，应当按照有关规定及时上报，并在职责范围内依法及时采取措施。

第十条 本市建立信访工作联席会议制度，通过会商、协调、督查等方式，研究处理重大、复杂、疑难信访事项。

第十一条 国家机关应当建立和完善人民建议征集制度。信访人提出的建议对国民经济和社会发展或者对改进工作以及保护社会公共利益有贡献的，由有关国家机关给予奖励和表彰。

第十二条 本市社会团体、企业事业单位的主要负责人对本单位信访工作负总责。

本市社会团体、企业事业单位应当兼顾单位利益、职工利益和社会公共利益，主动排查、妥善处理本单位导致信访事项的矛盾和纠纷，积极协助国家机关做好涉及本单位的信访工作，共同维护社会稳定。

第十三条 国家机关可以聘请律师、心理咨询师、相关领域专家、社会志愿者，为信访人和国家机关提供法律和其他专业知识的咨询服务。

司法行政部门应当根据信访工作需要，组织律师采取多种形式为信访人提供法律咨询服务。

第十四条 本市信访工作所需经费，列入各级财政预算。

第二章　信访人的权利和义务

第十五条　信访人依法信访受法律保护，任何组织和个人不得压制、打击报复。

第十六条　信访人在信访活动中依法享有下列权利：

（一）了解信访工作制度和信访事项的处理程序；

（二）要求信访工作人员提供与其信访请求有关的咨询服务；

（三）对有直接利害关系的信访工作人员提出回避请求；

（四）向办理机关查询其信访事项的办理情况；

（五）要求对姓名以及涉及个人隐私的事项予以保密；

（六）法律、法规、规章规定的其他权利。

第十七条　信访人在信访活动中应当依法履行下列义务：

（一）遵守法律、法规，尊重社会公德，自觉维护社会公共秩序和信访秩序，不得损害国家、社会、集体的利益和其他公民的合法权利；

（二）提出的信访请求客观真实，不得歪曲、捏造事实，不得诬告、陷害他人；

（三）依照法律、法规规定的方式和程序进行信访活动；

（四）履行符合法律、法规、规章、政策的处理决定；

（五）法律、法规规定的其他义务。

第三章　信访工作机构和信访工作人员

第十八条　各级人民代表大会常务委员会应当设立信访工作机构，配备专职工作人员。

各级人民政府及街道办事处应当设立信访工作机构，配备专职信访工作人员；各级人民政府工作部门应当根据需要设立或者确定负责信访工作的机构，配备相应的专、兼职工作人员。

各级人民法院、人民检察院应当根据需要设立或者确定负责信访工作的机构，配备相应的工作人员。

第十九条 信访工作机构履行下列职责：

（一）处理信访请求；

（二）办理信访事项；

（三）协调、督促检查信访请求的处理和信访事项办理意见的落实，提出改进工作、追究责任的建议；

（四）提供与信访人提出的信访请求有关的咨询服务；

（五）研究、分析信访情况，开展调查研究，及时向有关国家机关提出完善政策和改进工作的建议；

（六）指导、督促、检查下级国家机关的信访工作，总结交流信访工作经验；

（七）宣传有关法律、法规、政策，引导信访人依法信访；

（八）其他依法应当履行的职责。

第二十条 信访工作机构应当在信访接待场所、本机关网站或者通过其他方式向社会公布下列事项：

（一）信访工作机构的通信地址、电子信箱、受理电话、接待场所、来访接待时间；

（二）本机关信访事项受理范围；

（三）与信访工作有关的法律、法规、规章、工作规范以及信访事项的处理程序；

（四）查询信访事项办理情况的方式；

（五）实行负责人信访接待日的机关，公开接待日的安排；

（六）其它方便信访人的事项。

信访人要求对公示内容予以说明、解释的，信访工作机构应当予以说明、解释。

第二十一条　信访工作机构应当通过互联互通的信访信息系统，实现国家机关信访工作机构之间信访信息资源共享。

第二十二条　信访工作人员在信访工作中，应当遵守下列规定：

（一）文明接待，尊重信访人，不得刁难和歧视信访人。对依法不予受理的信访请求，应当告知信访人并做好解释、疏导工作；

（二）按照信访工作的处理程序，依法及时处理信访事项，不得置之不理、敷衍塞责、推诿拖延。对不属于本机关受理的信访请求，应当告知信访人向有权处理的国家机关提出；

（三）坚持原则，秉公办事，不得徇私舞弊、收受贿赂、接受信访人请客送礼；

（四）遵守保密制度，不得泄露控告人、检举人的姓名及控告、检举的内容，不得泄露、扩散信访人要求保密及可能对信访人权益造成损害的内容；

（五）对信访人有关信访事项办理情况的查询，除涉及国家秘密、商业秘密、个人隐私的事项外，应当如实答复，不得拒绝；

（六）与信访人或者信访事项有直接利害关系的，应当回避；

（七）按照档案管理的规定，建立并妥善保管信访档案，不得丢失、篡改、隐匿或者擅自销毁。

第四章　信访请求的提出

第二十三条　信访人提出信访请求，应当向依法有权处理的国家机关提出。

对依法应当通过诉讼、仲裁、行政复议等法定途径解决的信访请求，信访人应当依照法定程序提出。

第二十四条　信访人提出信访请求，一般应当采用书信、电子邮件等书面形式；提出投诉请求的，应当提供真实姓名（名称）、住址、联系方式和基本事实、理由、明确的请求。

信访人采用口头形式提出信访请求的，有关国家机关应当如实记录。

国家机关为方便、规范信访人提出信访请求，可以向信访人提供格式化文本。

第二十五条　信访人采用走访形式提出信访请求的，应当在公布的接待时间到依法有权处理的本级或者上级机关设立或者指定的信访接待场所提出。

多人采用走访形式提出共同信访请求的，应当推举代表，代表人数不得超过五人。代表应当如实向其他信访人转达处理或者答复意见。

第二十六条　信访人要求采用书面形式告知、答复的，应当采用书信、传真、电子邮件或者走访形式提出信访请求。

第二十七条　信访人可以委托代理人提出信访请求。代理人向有关国家机关提出信访请求时，应当出示授权委托书，在授权范围内行使代理权。

委托人明确表示不再提出信访请求，代理人继续提出的，有关国家机关不再受理。

第二十八条　无民事行为能力人或者限制民事行为能力人的信访请求，由其监护人代为提出。

因身体障碍不能正常表述本人意愿者提出信访请求的，应当委托他人代为提出。

传染病患者、疑似传染病患者需要以走访形式提出信访请求的，应当委托他人代为提出。

第五章　人民代表大会及其常务委员会
信访事项的受理和办理

第二十九条　信访人可以就下列事项向本市各级人民代表大会及其常务委员会提出信访请求：

（一）对本级人民代表大会及其常务委员会颁布的地方性法规，通过的决议、决定的意见和建议；

（二）对本级人民政府的决定、制定的规范性文件的意见和建议；

（三）对本级人民政府、人民法院、人民检察院工作的意见和建议；

（四）对本级人民代表大会及其常务委员会选举、决定任命、批准任命的国家机关工作人员违法失职行为的申诉、控告或者检举；

（五）对本级人民代表大会代表、人民代表大会常务委员

会组成人员以及人民代表大会常务委员会机关工作人员的建议、批评、意见和违法失职行为的申诉、控告或者检举;

（六）对下一级人民代表大会及其常务委员会不适当的决议、决定的意见和建议;

（七）依法应当由人民代表大会及其常务委员会受理的其他信访请求。

第三十条 本市各级人民代表大会及其常务委员会对人民政府、人民法院、人民检察院职责范围内的信访事项不包办代替、不直接处理。

第三十一条 市和区、县人民代表大会常务委员会信访工作机构收到信访请求,应当予以登记,在 15 日内分别按下列方式处理:

（一）属于本级人民代表大会及其常务委员会信访事项受理范围内的信访请求,转送常务委员会有关工作机构办理,并答复信访人;

（二）属于本级或者下级人民政府及其工作部门、人民法院、人民检察院职责范围内的信访请求,转送相关国家机关处理,可以要求反馈处理结果,由办理机关答复信访人。

第三十二条 下列信访请求不予受理:

（一）对依照法律程序正在审理之中的案件提出的信访请求;

（二）经过行政机关复核,信访人仍然以同一事实和理由提出的信访请求;

（三）其他依照法律规定不予受理的信访请求。

第六章　人民政府及其工作部门
信访事项的受理和办理

第一节　受理和办理

第三十三条　信访人对下列组织、人员的职务行为可以向有关行政机关提出信访请求：

（一）行政机关及其工作人员；

（二）法律、法规授权的具有管理公共事务职能的组织及其工作人员；

（三）提供公共服务的企业事业单位及其工作人员；

（四）社会团体或者其他企业事业单位中由国家行政机关任命、派出的人员；

（五）村民委员会、居民委员会及其成员。

第三十四条　人民政府信访工作机构收到信访请求，应当予以登记，在 15 日内分别按下列方式处理：

（一）依照法定职责属于本级人民政府或者其工作部门处理的信访请求，应当转送有权处理的行政机关；情况重大、紧急的，应当及时提出建议，报请本级人民政府决定；

（二）依照法定职责属于下级行政机关处理的信访请求，区分情况，转送下一级人民政府信访工作机构，或者直接转送有权处理的机关并抄送下一级人民政府信访工作机构；

（三）对转送中的重要情况需要反馈结果的，可以直接交有权处理的行政机关，并要求其在指定期限内反馈结果。

县级以上人民政府信访工作机构应当定期向下一级人民政府信访工作机构通报转送、交办情况，下级人民政府信访工作机构应当定期向上一级人民政府信访工作机构报告转送、交办信访请求的受理或者办理情况。

第三十五条　人民政府信访工作机构以外的政府工作部门收到信访请求，应当登记，并自收到信访请求之日起 15 日内分别按下列方式处理：

（一）信访人直接向其提出的信访请求，按照本部门法定职责范围和本条例第二十三条第二款规定作出受理或者不予受理的决定，并书面告知信访人；属于下级工作部门职责范围内的，转送下级工作部门，同时告知信访人；

（二）上级工作部门转送、交办的信访请求，属于本部门法定职责范围的，应当受理，并书面告知信访人，按要求报告上级工作部门；不属于本部门职责范围内的，应当自收到该信访请求之日起 5 个工作日内向转送、交办工作部门提出异议，并交还相关材料。

第三十六条　人民政府信访工作机构对本级政府工作部门或者下级人民政府，上级政府工作部门对下级政府工作部门应当受理的信访请求而未受理的，可以要求其受理，在指定时限内办结，并报告办理结果。

第三十七条　有下列情形之一的，信访人向受理、办理机关的上级机关再提出同一信访请求的，该上级机关不予受理：

（一）信访请求正在审查期间的；

（二）信访事项已经受理或者正在办理的；

（三）信访事项的办理、复查意见作出后，信访人无正当理由未在规定期限内提出复查、复核申请的。

第三十八条 信访事项涉及两个以上工作部门的，由相关工作部门依照各自职责分别受理；需要共同受理的，出现争议时，应当上报其共同的上一级行政机关决定主办机关。

第三十九条 人民政府工作部门受理信访事项后，认为涉及本级人民政府其他工作部门法定职责需要协调的，可以请求本级人民政府信访工作机构协调。协调后仍然不能达成一致意见的，信访工作机构可以向本级人民政府报告，按决定办理。

第四十条 人民政府及其工作部门决定受理的信访事项，应当自受理之日起 60 日内办结；情况复杂的，经本机关负责人批准，可以适当延长办理期限，但延长期限不得超过 30 日，并告知信访人延期理由。法律、行政法规另有规定的，从其规定。

第四十一条 人民政府及其工作部门对于重大、复杂、疑难的信访事项，可以依照规定程序举行听证。

第四十二条 人民政府及其工作部门受理信访事项后，应当依据相关的法律、法规、规章及其他有关规定，分别作出以下处理，并书面答复信访人：

（一）请求事实清楚，符合或者部分符合法律、法规、规章或者其他有关规定的，予以支持或者部分支持；

（二）请求缺乏事实根据或者不符合法律、法规、规章或者其他有关规定的，不予支持；

（三）请求事由缺乏法律依据无法解决的，告知信访人，并做好解释工作。

人民政府及其工作部门依照前款第（一）项规定作出支持或者部分支持信访请求意见的，应当督促有关机关或者单位执行。

第四十三条 信访事项答复意见应当包括下列事项：

（一）信访人的投诉请求；

（二）对基本事实的认定；

（三）依据的法律、法规、规章及其他有关规定；

（四）对信访事项的处理意见；

（五）信访人不服答复意见寻求救济的法定途径和期限。

第四十四条 人民政府及其工作部门对于以下情形，分别按照下列方式处理：

（一）信访事项涉及多个有权处理机关办理的，由主办机关集中相关办理意见，答复信访人；

（二）多人提出共同信访事项的，可以对代表告知、答复；

（三）与信访请求有关的咨询，以及建议、意见类信访事项，可以口头告知、答复；

（四）因信访人的姓名（名称）、住址、联系方式不清、不实等原因无法告知、答复的，不予告知、答复。

第四十五条 人民政府及其工作部门自收到信访请求之日起15日内已经办结的信访事项，经信访人同意，可以口头告知、答复。

第四十六条 人民政府及其工作部门对交办的信访事项应当在指定的期限内将办理结果报送至交办机关；不能按期办结

的，应当说明原因并报告阶段性工作情况。法律、法规另有规定的，从其规定。

第二节　复查、复核和督办

第四十七条　信访人对人民政府及其工作部门作出的信访事项办理意见不服的，可以自收到办理意见之日起 30 日内请求原办理机关的上一级行政机关复查；对复查意见不服的，可以自收到复查意见之日起 30 日内请求复查机关的上一级行政机关复核。

信访人的复查、复核申请应当针对答复意见，以书面形式提出，并附办理意见；提出复核申请的，还应当附复查意见。

第四十八条　乡、镇人民政府和街道办事处是信访事项办理机关的，区、县人民政府是复查机关；区、县人民政府是办理、复查机关的，市人民政府是复查、复核机关；区、县人民政府工作部门是办理机关的，上一级工作部门或者本级人民政府是复查机关；市人民政府工作部门是办理、复查机关的，市人民政府是复查、复核机关。

对实行垂直领导的行政机关的办理意见、复查意见不服的，向上一级主管部门申请复查、复核。

第四十九条　市和区、县人民政府应当成立由本级人民政府分管领导负责，相关工作部门负责人参加的复查、复核委员会，负责本级人民政府的复查、复核工作。复查、复核委员会确定办事机构，负责日常工作。

市人民政府工作部门可以成立复查、复核委员会，负责本部门的复查、复核工作。

第五十条　复查、复核机关经审查决定受理复查、复核申请的，应当书面告知信访人，自收到申请之日起 30 日内，按照下列方式作出复查、复核意见，并书面答复：

（一）办理、复查意见认定事实清楚，适用依据正确的，予以维持；

（二）办理、复查意见认定事实不清，适用依据错误，或者违反法定程序的，区分情况，予以撤销、变更或者责令办理、复查机关限期重新作出答复意见。

办理、复查机关由于认定事实不清、适用依据错误，被责令重新作出答复意见的，不得作出与原意见相同或者基本相同的答复意见。

复查、复核机关经审查决定不予受理的复查、复核申请，应当书面告知信访人理由。

复杂、疑难的信访事项在法定期限内无法作出复查、复核意见的，经本级复查、复核委员会批准，可以延长期限，但延长期限不得超过 30 日，并告知信访人延期理由。

第五十一条　信访人对复核意见不服，仍然以同一事实和理由提出信访请求的，人民政府信访工作机构和相关工作部门不再受理。

第五十二条　市和区、县人民政府信访工作机构发现下级人民政府及其工作部门有下列情形之一的，应当及时督办，并提出改进建议：

（一）无正当理由未按规定的办理期限办结信访事项的；

（二）未按规定反馈信访事项办理结果的；

（三）未按规定程序办理信访事项的；

（四）办理信访事项推诿、敷衍、拖延的；

（五）不执行信访答复意见的；

（六）答复意见认定事实不清、依据或者程序存在明显错误的；

（七）虚报办理结果或者办理结果不落实的；

（八）其他需要督办的情形。

收到改进建议的行政机关应当在指定时限内书面反馈情况，未采纳建议的，应当在 3 个工作日内说明理由。

第五十三条 市和区、县人民政府信访工作机构和政府工作部门应当针对信访人在一定时期内反映的热点、难点问题开展调查研究工作，向本级人民政府及其工作部门或者通过本级向上级人民政府及其工作部门提出完善政策或者改进工作的建议。

第七章 人民法院、人民检察院
信访事项的受理和办理

第五十四条 信访人可以就下列事项向本市各级人民法院提出信访请求：

（一）对人民法院工作的建议、批评和意见；

（二）对人民法院工作人员的违法失职行为的举报、控告或者申诉；

（三）依法应当由人民法院受理的其他信访请求。

第五十五条 信访人可以就下列事项向本市各级人民检察院提出信访请求：

（一）对人民检察院工作的建议、批评和意见；

（二）对人民检察院工作人员的违法失职行为的举报、控告或者申诉；

（三）依法应当由人民检察院受理的其他信访请求。

第五十六条 人民法院、人民检察院对信访人提出的属于其职责范围内的信访请求，应当予以登记，依照法律或者相关规定处理，告知、答复信访人。

第八章 信访秩序

第五十七条 信访活动应当依法、有序进行，国家机关及其工作人员、信访人应当共同维护信访秩序。

社会团体、企业事业单位和基层组织应当协助国家机关维护信访秩序。

第五十八条 信访人应当遵守法律、法规和有关规定，不得有下列行为：

（一）在非信访接待场所采用走访形式提出信访请求的；

（二）在国家机关办公场所及其周边、公共场所非法聚集、滋事，围堵、冲击国家机关，拦截公务车辆，堵塞、阻断交通，或者以自杀、自伤、自残相威胁的；

（三）扰乱机关、团体、企业事业单位正常工作、生产、经营秩序的；

（四）携带危险物品、管制器具的；

（五）侮辱、殴打、威胁履行信访工作职责的人员，或者非法限制他人人身自由的；

（六）阻碍国家机关工作人员依法执行职务的；

（七）歪曲、捏造事实，散布谣言或者以其他方法故意扰乱公共秩序的；

（八）煽动、串联、胁迫、以财物诱使、幕后操纵他人信访或者以信访为名借机敛财的；

（九）在信访接待场所滞留，或者将无民事行为能力人、限制民事行为能力人、生活不能自理的人弃留在信访接待场所的；

（十）其他扰乱公共秩序、妨害国家和公共安全的行为。

第五十九条 信访工作机构对滞留的无民事行为能力人、限制民事行为能力人、生活不能自理的人，应当通知其监护人或者有关单位将其带回。

信访工作机构对来访的传染病患者、疑似传染病患者，应当通知属地卫生部门依据相关法律、法规处理。

第六十条 信访人严重扰乱公共秩序、妨害公共安全的，公安机关应当依法、及时采取必要的现场处置措施。事件引发地政府有关部门及相关责任单位应当及时到场，教育、疏导、劝返信访人。事件发生地政府应当积极配合。

第九章 法律责任

第六十一条 国家机关及其工作人员侵害公民、法人或者其他组织的合法权益，导致信访事项发生，造成严重后果，构成犯罪的，对直接负责的主管人员和其他直接责任人员依法追究刑事责任；尚不构成犯罪的，依法给予行政处分。

第六十二条　国家机关在信访工作中违反本条例规定的，由有权处理的国家机关责令改正；造成严重后果，构成犯罪的，对直接负责的主管人员和其他直接责任人员依法追究刑事责任；尚不构成犯罪的，依法给予行政处分。

第六十三条　国家机关信访工作人员违反本条例第二十二条规定的，由所在单位批评教育；情节严重，构成犯罪的，依法追究刑事责任；尚不构成犯罪的，依法给予行政处分。

第六十四条　国家机关违反本条例第五十二条规定，经督办拒不纠正的，由有关国家机关予以通报批评；造成严重后果的，追究其相关责任。

第六十五条　国家机关及其工作人员对可能造成社会影响的重大、紧急信访事项和信访信息，隐瞒、谎报、缓报，或者授意他人隐瞒、谎报、缓报，造成严重后果，构成犯罪的，对直接负责的主管人员和其他直接责任人员依法追究刑事责任；尚不构成犯罪的，依法给予行政处分。

第六十六条　压制、打击报复信访人，构成犯罪的，依法追究刑事责任；尚不构成犯罪的，依法给予行政处分。

第六十七条　信访人违反本条例第十七条、第二十五条、第五十八条规定的，由有关国家机关工作人员劝阻、批评或者教育。

经劝阻、批评或者教育无效的，由公安机关予以警告、训诫或者制止；违反集会游行示威或者治安管理法律、行政法规的，由公安机关依法采取必要的现场处置措施，给予治安管理处罚；构成犯罪的，依法追究刑事责任。

第十章 附 则

第六十八条 本市国有资产监督管理部门监管的企业事业单位的信访工作，由本市国有资产监督管理部门参照本条例制定具体办法。

第六十九条 外国人、无国籍人、外国组织提出的信访请求的处理，参照本条例执行。

第七十条 本条例自 2007 年 1 月 1 日起施行。

上海市信访条例

（1993 年 10 月 22 日上海市第十届人民代表大会常务委员会第五次会议通过；根据 2003 年 8 月 8 日上海市第十二届人民代表大会常务委员会第六次会议第一次修订 根据 2012 年 12 月 26 日上海市第十三届人民代表大会常务委员会第三十八次会议第二次修订）

第一章 总 则

第一条 为了保障公民、法人和其他组织的民主权利及其他合法权益，规范信访工作和信访行为，保持国家机关与人民群众的密切联系，促进国家机关的工作，根据宪法、《中华人民共和国各级人民代表大会常务委员会监督法》、国务院《信访条例》和其他有关法律、行政法规的规定，结合本市实际情况，制定本条例。

第二条 本条例所称信访，是指公民、法人和其他组织采用书信、电子邮件、传真、电话和走访等形式，向国家机关提出建议、意见或者投诉请求，依法应当由相关国家机关处理的活动。

本条例所称信访人，是指采用前款规定的形式，向国家机关提出建议、意见或者投诉请求的公民、法人和其他组织。

第三条 信访是公民、法人和其他组织依法参与管理社会公共事务、监督国家机关依法履行职责的重要途径，是国家机关密切联系人民群众，维护公民、法人和其他组织合法权益的重要渠道。

第四条　本条例适用于本市各级国家机关的信访工作和信访人的信访活动。

第五条　本市信访工作应当遵循下列原则：

（一）尊重人民群众意见，改进国家机关工作；

（二）属地管理，分级负责，分类处理；

（三）依法、及时、就地解决问题与疏导教育相结合。

第六条　各级国家机关应当建立、健全人民建议征集制度，并可以通过信访渠道，征集、梳理、分析信访人对社会公共事务提出的建议和意见。对有利于促进国民经济和社会发展、改进国家机关工作的建议和意见，应当予以采纳。

信访人提出的建议、意见，对国民经济和社会发展、改进国家机关工作以及保护社会公共利益有贡献的，由有关国家机关给予奖励。

第七条　各级国家机关的负责人应当经常听取人民群众通过信访渠道提出的建议、意见，检查、指导信访工作，及时研究处理反映比较集中的信访事项。

第八条　各级人民代表大会代表可以通过参与国家机关的信访工作，了解、反映人民群众的意见和要求。

第九条　有关专业机构、社会团体和专业人员、社会志愿者等可以受国家机关邀请参与信访工作，为信访人和信访工作提供专业咨询和服务，代信访人提出信访事项。

居民委员会、村民委员会应当协助国家机关做好相关信访工作。

第十条　国家机关建立信访工作人员培训、交流、激励机制，提高信访工作人员的能力和水平。

对在信访工作中作出优异成绩的单位或者个人，由有关国家机关给予奖励。

第十一条　各级国家机关应当保障信访工作所需经费。

第十二条　本市建立信访信息共享机制，实现国家机关之间信访信息的互通共享。

第二章　信访人的权利和义务

第十三条　信访人依法信访受法律保护，任何组织和个人不得打击报复。

第十四条　信访人在信访活动中，享有下列权利：

（一）了解信访工作制度及信访事项的处理程序；

（二）要求信访工作机构提供与其提出的信访事项有关的咨询；

（三）对与信访事项有直接利害关系的信访工作人员提出回避申请；

（四）向办理机关查询本人信访事项的办理结果并要求答复；

（五）要求对涉及商业秘密、个人隐私等事项予以保密；

（六）法律、法规规定的其他权利。

第十五条　信访人在信访活动中，应当履行下列义务：

（一）不得损害国家利益、社会公共利益和其他公民的合法权益；

（二）如实反映情况，不得捏造、歪曲事实，不得诬告、陷害他人；

（三）遵守信访秩序；

（四）法律、法规规定的其他义务。

第十六条 依法应当通过行政许可等行政程序处理或者依法可以通过诉讼、仲裁、行政复议等法定途径解决的事项，信访人应当依照法定程序向有关国家机关或者机构提出。

第十七条 信访人提出信访事项，一般应当采用书信、电子邮件、传真、电话形式；采用走访形式的，应当在国家机关公布的接待时间内到指定的接待场所提出。

信访人提出投诉请求的，应当提供明确的请求、事实、理由和真实姓名（名称）、住址、联系方式。

第十八条 多人共同提出相同建议、意见和投诉请求的，提倡采用书信、电子邮件、传真、电话形式；采用走访形式的，应当推选代表提出，代表不得超过五人。信访人代表应当向其他信访人如实告知信访办理意见及相关信息。

第三章 信访工作机构和信访工作人员

第十九条 市和区、县人民代表大会常务委员会应当设立或者确定负责信访工作的机构，配备相应的工作人员。信访工作机构履行下列职责：

（一）受理、转送、交办信访事项；

（二）承办上级和本级人民代表大会及其常务委员会转送、交办的信访事项；

（三）督查、协调信访事项的办理和通报信访事项的办理情况；

（四）研究、分析信访情况，提出工作建议；

（五）依法应当由人民代表大会常务委员会信访工作机构履行的其他职责。

第二十条 市和区、县人民政府应当设立信访工作机构和统一的信访接待场所；市和区、县人民政府工作部门及乡、镇人民政府和街道办事处应当按照有利于工作、方便信访人的原则，设立或者确定负责信访工作的机构，配备信访工作人员，具体负责信访工作。

市和区、县人民政府信访工作机构是本级人民政府负责信访工作的行政机构，履行下列职责：

（一）受理、转送、交办信访事项；

（二）承办上级和本级人民政府转送、交办的信访事项；

（三）协调处理重要信访事项；

（四）督促检查信访事项的办理；

（五）研究、分析信访情况，开展调查研究，及时向本级人民政府及有关行政机关提出工作建议；

（六）代表本级人民政府指导、考核本级人民政府其他工作部门和下一级人民政府的信访工作；

（七）依法应当由政府信访工作机构履行的其他职责。

第二十一条 各级人民法院、人民检察院应当根据需要设立或者确定负责信访工作的机构，配备相应的工作人员。

第二十二条 信访工作机构应当建立、健全信访工作制度，向社会公布信访工作机构的通信地址、电子信箱、电话、信访接待的时间和地点、查询信访事项办理进展及结果的方式等相关事项。

第二十三条　信访工作人员在信访工作中，应当遵守下列规定：

（一）文明接待，尊重信访人，不得刁难和歧视；

（二）按照信访工作程序，依法公正办理信访事项，不得敷衍塞责，推诿拖延；

（三）坚持原则，秉公办事，不得徇私舞弊、接受馈赠或者收受贿赂；

（四）遵守保密制度，不得泄露工作秘密，不得扩散信访人要求保密的内容，不得将检举、控告材料及有关情况透露或者转送给被检举、控告的人员或者单位；

（五）依照规定妥善保管信访材料，不得丢失、隐匿或者擅自销毁；

（六）依法应当遵守的其他规定。

第二十四条　信访工作人员与信访人或者信访事项有直接利害关系的，应当提出回避。

信访工作人员的回避，由信访工作机构负责人决定；信访工作机构负责人的回避，由所在国家机关负责人决定。

第二十五条　信访工作人员的人身权利受法律保护。信访工作人员的人身自由和安全受到威胁等侵害时，当地公安部门应当及时依法处理。

第四章　受理和办理

第一节　一般规定

第二十六条　各级国家机关收到信访人提出的建议、意见或者投诉请求，应当予以登记，并根据不同情况作出受理、转送、交办、解释、告知等处理。

第二十七条　各级国家机关在其法定职权范围内，受理信访人提出的信访事项。

涉及两个或者两个以上机关职责范围的信访事项，由首先收到该信访事项的机关受理并牵头办理；受理有争议的，由其共同的上一级机关指定办理或者直接办理。

第二十八条　对重大、复杂、疑难的信访事项，国家机关可以依法举行听证。听证应当公开举行，通过听证程序查明事实，分清责任。

第二节　人民代表大会及其常务委员会
信访事项的受理和办理

第二十九条　信访人可以向本市各级人民代表大会及其常务委员会提出下列信访事项：

（一）对人民代表大会及其常务委员会颁布的地方性法规，通过的决议、决定的建议、意见；

（二）对人民政府、人民法院、人民检察院工作的建议、意见；

（三）对国家工作人员的申诉和意见；

（四）依法可以向人民代表大会及其常务委员会提出的其他信访事项。

第三十条　人民代表大会常务委员会信访工作机构收到信访事项的，应当予以登记，并在十五日内分别作如下处理：

（一）属于本级人民代表大会及其常务委员会职责范围的

信访事项，转送人民代表大会各专门委员会、人民代表大会常务委员会各工作委员会及其他工作机构，并由人民代表大会常务委员会信访工作机构统一答复信访人；

（二）属于下一级人民代表大会及其常务委员会职责范围的信访事项，转送下一级人民代表大会常务委员会信访工作机构或者主席团；

（三）属于本级行政机关、人民法院、人民检察院职责范围的信访事项，转送有权处理的国家机关；

（四）属于下一级行政机关、人民法院、人民检察院职责范围的信访事项，转送下一级人民代表大会常务委员会信访工作机构。

第三十一条　对有下列情形之一的信访事项，人民代表大会常务委员会信访工作机构应当作交办处理：

（一）上一级人民代表大会及其常务委员会交办的信访事项；

（二）复杂、疑难或者影响较大，信访工作机构需要了解形成原因及办理结果的信访事项；

（三）其他应当交办的信访事项。

对前款所列信访事项，办理机关应当自受理之日起六十日内办结，并将办理情况书面向交办机关报告；情况复杂的，经办理机关负责人批准，可以适当延长办理期限，但延长期限不得超过三十日。法律、行政法规另有规定的，从其规定。

第三十二条　各级人民代表大会常务委员会信访工作机构应当加强信访事项的督办，可以向相关国家机关和部门提出工作建议，并可以将建议的采纳情况向本级人民代表大会常务委员会报告。

第三节　人民政府及其工作部门
信访事项的受理和办理

第三十三条　信访人可以向人民政府及其工作部门提出下列信访事项：

（一）对本行政区域的经济、文化和社会事务的建议、意见；

（二）对人民政府及其工作部门作出的决定、制定的规范性文件的建议、意见；

（三）对人民政府及其工作部门和所属工作人员职务行为的建议、意见或者不服其职务行为的投诉请求；

（四）对法律、法规授权的具有管理公共事务职能的组织及其工作人员职务行为的建议、意见或者不服其职务行为的投诉请求；

（五）对提供公共服务的企业、事业单位及其工作人员职务行为的建议、意见或者不服其职务行为的投诉请求；

（六）对村民委员会、居民委员会及其成员职务行为的建议、意见或者不服其职务行为的投诉请求；

（七）依法可以向行政机关提出的其他信访事项。

第三十四条　人民政府信访工作机构收到信访事项的，应当予以登记，并在十五日内分别作如下处理：

（一）依法应当由本级人民政府或者其工作部门处理的，转送有权处理的行政机关；

（二）依法应当由下级人民政府或者其工作部门处理的，转送有权处理的行政机关；

（三）对转送并需要反馈办理结果的，有关行政机关应当在指定期限内反馈办理结果。

第三十五条 人民政府信访工作机构以外的政府工作部门收到信访事项的，分别作如下处理：

（一）人民代表大会常务委员会信访工作机构、人民政府信访工作机构、上级主管部门转送、交办的信访事项，属于本机关法定职权范围的，应当自收到转送、交办之日起十五日内决定是否受理并告知信访人，并按要求通报转送、交办机构；不属于本机关法定职权范围的，应当及时将相关材料退回转送、交办机构；

（二）信访人直接提出的信访事项，能够当场答复是否受理的，应当当场书面答复；不能当场答复的，应当自收到信访事项之日起十五日内告知。

受理或者不予受理情况应当书面告知信访人，但是信访人的姓名（名称）、住址、联系方式不清的除外。不予受理的，还应当说明理由。

第三十六条 信访人提出的信访事项，属于本机关法定职权范围并符合本条例第三十三条规定的，应当受理；属于本机关法定职权范围但应当通过相关法定程序处理的，按照相关法定程序处理。

对不属于本机关职权的信访事项或者依法应当通过诉讼、仲裁、行政复议等法定途径解决的信访事项，不予受理并告知信访人向有关国家机关或者机构提出。

第三十七条 信访事项应当自受理之日起六十日内办结；情况复杂的，经本行政机关负责人批准，可以适当延长信访处理期限，但延长期限不得超过三十日，并告知信访人延期理由。法律、行政法规另有规定的，从其规定。

第三十八条 对投诉请求类信访事项，依法负有处理职责的行政机关（以下简称信访处理机关）经调查核实，应当依照有关法律、法规、规章及其他有关规定，分别作出以下处理，并出具书面信访处理意见，但是信访人的姓名（名称）、住址、联系方式不清的除外：

（一）请求事实清楚，符合法律、法规、规章或者其他有关规定的，予以支持；

（二）请求事由合理但缺乏法律依据的，应当做好解释工作；

（三）请求缺乏事实根据或者不符合法律、法规、规章或者其他有关规定的，不予支持。

信访处理意见应当载明具体信访诉求、信访事项的事实认定情况、处理意见及依据、信访人不服信访处理意见申请复查的途径、期限和应当提交的材料。

信访处理机关依照本条第一款第一项规定作出支持信访人投诉请求处理意见的，有关单位或者个人应当执行，信访处理机关应当对执行情况进行督促检查。

第三十九条 信访人对投诉请求类信访事项的处理意见不服的，可以自收到信访处理意见之日起三十日内，向信访处理机关的上一级行政机关申请复查。收到复查申请的行政机关应当自收到复查申请之日起三十日内向信访人出具书面信访复查意见。

信访复查意见应当载明复查申请人和被申请人、信访复查的具体请求、复查请求的事实认定情况、复查意见及依据、信访人不服复查意见申请复核的途径、期限和应当提交的材料。

第四十条 信访人对投诉请求类信访事项的复查意见不服的，可以自收到信访复查意见之日起三十日内，向复查机关的上一级行政机关申请复核。收到复核申请的行政机关应当自收到复核申请之日起三十日内出具书面信访复核意见。

信访复核意见应当载明复核申请人和被申请人、信访复核的具体请求、复核请求的事实认定情况、最终复核意见及依据。

第四十一条 市和区、县人民政府信访工作机构对下列事项实施督查，可以通报或者提出改进建议：

（一）本级人民政府各部门及下一级人民政府办理信访事项时遵守、执行法律法规和政策的情况；

（二）上一级人民政府信访工作机构和本级人民政府转送、交办信访事项的办理情况；

（三）本级和上级机关作出的信访办理意见的执行情况；

（四）其他需要督查的工作。

收到改进建议的行政机关应当在三十日内书面反馈情况；未采纳改进建议的，应当说明理由。

第四十二条 有下列情形之一的，信访受理程序终结。信访人仍然以同一事实和理由提出投诉请求的，各级人民政府信访工作机构和其他行政机关不再受理，并应当对信访人做好说服、解释等工作：

（一）经行政机关复核完毕的；

（二）经市人民政府所属工作部门或者区、县人民政府核查完毕，且核查结果经市人民政府信访工作机构审核同意的。

前款第二项规定的信访事项核查应当履行调查核实、听证评议、集体研究、结论告知等程序，具体办法由市人民政府另行规定。

第四节　人民法院、人民检察院
信访事项的受理和办理

第四十三条　各级人民法院、人民检察院依法受理下列信访事项：

（一）对人民法院、人民检察院工作的批评、建议和意见；

（二）对人民法院、人民检察院工作人员的违法失职行为的举报、控告；

（三）依法应当由人民法院、人民检察院受理的其他信访事项。

公民、法人和其他组织对具体案件处理结果不服等申诉事项，应当通过诉讼等法定途径提出。

第四十四条　各级人民法院、人民检察院收到信访事项的，应当予以登记；属于其职责范围的，应当依照法律、法规或者相关规定办理。

第五章　信访秩序

第四十五条　信访人不得有下列妨碍信访秩序和影响他人信访权利的行为：

（一）将老人、病人、残疾人和婴幼儿等弃置于信访接待场所；接待完毕仍滞留于信访接待场所。

（二）煽动、串联、胁迫、诱使、操纵他人信访或者阻止他人退出群体性信访。

（三）威胁、诽谤、辱骂、殴打信访工作人员；限制信访工作人员人身自由；故意损坏信访接待场所的公共设施、公共财物。

（四）扬言放火、爆炸、投毒、凶杀或者携带危险品、管制器具进入信访接待场所；投寄不明物质，制造恐怖气氛，危害公共安全或者他人人身安全。

（五）其他妨碍信访秩序和影响他人信访权利的行为。

禁止以信访为名，从事下列妨碍工作秩序、社会秩序的活动：

（一）向境内外媒体或者各类组织发布有关信访事项的虚假信息。

（二）在国家机关办公场所周围、公共场所非法聚集，围堵、冲击国家机关；拦截公务用车；堵塞交通，妨碍交通管理秩序。

（三）以非法进入住宅或者其他方式干扰国家机关工作人员正常生活。

（四）以信访或者信访代理为名，牟取不正当利益。

（五）其他妨碍工作秩序、社会秩序的活动。

第四十六条 精神病患者的信访事项，由其监护人代为提出。

信访工作机构对来访时不能控制自己行为、妨碍信访秩序的精神病患者，应当通知其监护人或者所在地区。精神病人的监护人或者经常居住地乡、镇人民政府、街道办事处应当将其带回。

第四十七条 信访工作机构对前来走访的传染病患者、疑似传染病患者，应当通知市和区、县卫生等部门按照《中华人民共和国传染病防治法》的有关规定处理。

第四十八条 信访人携带危险品、管制器具进入信访接待场所的，信访工作人员和保安人员应当及时阻止，并由公安机关依法处理。

信访人在信访接待场所自杀、自残的，信访工作人员和保安人员应当及时阻止，并通知公安机关和卫生部门、医疗机构。公安机关和卫生部门、医疗机构应当及时到场并采取紧急措施。

第六章 法律责任

第四十九条 因下列情形之一导致信访矛盾发生，造成严重后果的，对直接负责的主管人员和其他直接责任人员，依照有关法律、行政法规的规定给予行政处分；构成犯罪的，依法追究刑事责任：

（一）超越或者滥用职权，侵害信访人合法权益的；

（二）应当作为而不作为，侵害信访人合法权益的；

（三）适用法律、法规、政策错误或者违反法定程序，侵害信访人合法权益的；

（四）无正当理由拒不执行信访办理意见的；

（五）打击报复信访人的。

有前款情形之一的，市和区、县人民政府信访工作机构可以向同级行政监察机关或者责任人员所在单位提出行政处分建议。

第五十条 各级国家机关工作人员在信访事项办理过程中，违反本条例规定的，由其所在单位或者上级主管部门通报批评；情节严重的，由其所在单位或者上级主管部门给予行政处分；构成犯罪的，依法追究刑事责任。

第五十一条 信访人违反本条例规定，妨碍信访秩序、工作秩序、社会秩序和他人信访权利的，有关国家机关工作人员应当及时予以劝阻、教育，不服从劝阻、教育的，由公安机关依法予以警告、训诫或者制止；违反《中华人民共和国治安管理处罚法》、《中华人民共和国集会游行示威法》等法律、法规的，由公安机关依法采取行政强制措施或者予以行政处罚；构成犯罪的，依法追究刑事责任。

第七章 附 则

第五十二条 本市各人民团体和承担社会公共管理职能的企事业单位的信访工作，参照本条例执行。

第五十三条 本条例自 2013 年 4 月 1 日起施行。

司法行政机关信访工作办法（试行）

中华人民共和国司法部令

第 14 号

1991 年 1 月 24 日

第一章　总　则

第一条　为做好司法行政机关的信访工作，密切同人民群众的联系，加强人民群众对司法行政机关及其工作人员的监督，促进社会主义民主和法制建设，维护社会的稳定，根据《党政机关信访工作暂行条例》和司法行政系统的实际情况，制定本办法。

第二条　各级司法行政机关要高度重视信访工作，认真负责地对待群众反映的问题，接受群众的正确批评和建议，及时妥善处理信访案件。

第三条 司法行政机关信访工作的基本原则:

(一) 实事求是的原则, 要以事实为根据, 以法律、法规和政策为准绳, 秉公办事, 切实解决来信来访人的正当要求。

(二) 分级负责、归口办理的原则。按照各级、各部门的职责范围, 属于哪一级、哪一个部门职权范围内处理的问题, 就由哪一级、哪一个部门查清事实, 负责处理。

(三) 件件有着落的原则。对于群众反映的合理要求, 凡能够解决的, 要认真给予解决; 一时难以解决的, 要讲明情况, 耐心说服; 对要求过高或不合理的, 要认真做好教育疏导工作。

对于群众的合理申诉, 要认真复查、核实, 妥善解决。

对于群众的揭发和控告, 要积极协助有关部门查明情况, 认真处理; 对涉及领导干部的问题, 要按照干部管理权限和有关规定, 转交相应机关查实处理; 对反映问题不实的, 要予以澄清。

对确属利用来信来访捏造事实, 诬告他人和无理取闹、带头串联滋事, 造成严重后果的, 要依据事实和有关规定, 报有关部门严肃处理。

(四) 专人负责, 及时处理的原则。每件信访都要有专人负责, 除疑难的和涉及面较广的信访外, 承办人应在十五天内提出处理意见。

第二章 组织领导和机构设置

第四条 省、自治区、直辖市司法厅 (局)、劳改局、劳教局 (处) 和县处级劳改、劳教场所应根据信访工作量设立信访工作机构，配备相应地专职干部，统称信访办公室。计划单列市司法局、地（市）、县司法行政机关，根据实际情况设信访室，配备专职或兼职信访干部。

第五条　信访工作机构的职责

（一）按照信访工作管理范围和职责分工，决定来信来访是否属本部门受理及受理后的处理方式；

（二）及时向有关职能部门转办信访问题或案件，协助有关职能部门查处有关信访问题，协调、督促、检查、催办交办的信访案件；

（三）反映来信来访中的重要情况和对司法行政工作的建议、批评；

（四）了解、掌握信访工作情况，有计划地进行调查研究，总结交流信访工作经验，推动信访工作的开展；

（五）定期分析、综合信访工作情况，及时搞好信访统计，为领导机关提供信息资料；

（六）完成领导交办的有关信访事项。

第六条　信访工作机构在所属司法行政机关的领导下进行工作，同时接受当地党委、政府信访部门的业务指导。上级司法行政机关的信访工作机构具体负责督促、检查和指导本机关所属单位、下级机关的信访工作。

第七条　各级司法行政机关及劳改、劳教单位，必须切实加强对信访工作的领导，确定一名领导同志分管信访工作，并建立领导干部接待处理来信来访制度，亲自处理一些重要来信来访，直接参与查处重大问题和疑难案件，积极解决信访工作的接待用房、装备、业务经费和干部的生活待遇问题。

第三章 受理范围

第八条 司法行政机关信访工作机构受理群众来信来访的范围:

(一)揭发、举报司法行政干警、职工的违法违纪问题;

(二)司法行政干警在执行职务方面的问题;

(三)司法行政干警对本机关或上级司法行政机关作出的决定不服的信访问题;

(四)有关司法行政业务方面的信访问题;

(五)需要司法行政部门协同有关部门处理的信访问题;

(六)刑满释放、解除劳教留厂(场)就业人员的安置、待遇问题。

第九条 司法部信访工作机构受理的范围:

(一)党中央、国务院领导同志批办的和上级有关部门交办要处理结果的信访问题;

(二)部机关工作人员和部直属单位领导干部的申诉和控告;

(三)省、自治区、直辖市司法厅(局)领导干部的申诉和控告,或地方处以下单位和干部中案情重大、需要由部立案查处的信访案件;

(四)向司法部反映对司法行政工作有参考价值的意见和建议;

(五)司法行政干警申诉的问题,经当地省级司法行政机关处理后仍不服的;

（六）向省级司法行政机关反映揭发问题没有得到适当处理和需要跨省解决的问题；

（七）其它应由司法部机关受理的信访问题。

第十条 省、自治区、直辖市司法厅（局）信访工作机构受理的范围：

（一）省、自治区、直辖市党委、政府、人大领导同志批示交办的信访问题和司法部交办要处理结果的信访案件；

（二）本厅（局）机关工作人员和直属单位领导干部的申诉、控告；

（三）对地（市）、县级司法局领导干部的申诉和控告；

（四）对本省、自治区、直辖市的司法行政工作有参考价值的意见和建议；

（五）基层司法行政干警对原单位作出的结论和处理决定不服，并向当地地（市）、县级司法行政机关申诉，对其处理仍不服的；

（六）本省、自治区、直辖市司法行政系统内跨地、市和跨部门及不易归口处理的信访问题；

（七）其它属于省、自治区、直辖市司法厅（局）职权范围内处理的信访问题。

第十一条 属于第九条范围内的信访，分别由司法部办公厅信访处受理，各业务职能部门也应受理有关的信访问题，具体分工依照《司法部信访工作暂行办法》第五条的规定办理。各省、自治区、直辖市司法厅（局）信访工作机构与各业务职能部门受理的信访，具体分工由各省、自治

区、直辖市司法厅（局）确定。

第四章　制度和方法

第十二条　信访工作人员要认真阅办来信，文明接待来访人员，不得推诿、敷衍。对人民群众来信来访提出的正当要求，采取漠不关心、办事不公和顶着不办的，应给予批评、教育；造成严重后果的，由本级司法行政机关给予相应的党纪、政纪处分。

第十三条　妥善处理群众举报，保护揭发人、控告人，对揭发、控告材料，应当指定专人查办。举报人要求为其姓名、单位保密的，受理单位应尊重举报人的意见。严禁将举报、揭发材料转给或透露给被举报、揭发的单位和当事人。

第十四条　对受理范围内的重要信访案件，应当立案，交有关职能部门或所属机关查办的，要及时催报处理结果。必要时，交办单位可派人协助调查。承办单位对上级机关交办要处理结果的案件，要认真查处，应在交办后三个月内办结上报，不能按时上报的，应向交办机关说明情况。

申诉案件的结案报告，应有申诉人对结案处理的意见。凡办结的案件，应做到事实清楚，证据确凿，定性准确，处理恰当，手续完备。交办单位收到结案报告后，要认真审查，提出可否结案的意见，送主管领导审批。

第十五条　各级司法行政机关受理的信访问题，主办单位要及时向来信来访人回告处理意见或处理结果。

第十六条　处理信访问题要立足于地方司法行政机关就地处理，把信访问题解决在基层。凡属基层单位职权范围内能够处理的问题，应按照就地处理的原则办理，把大量的信访问题解决在初信初访阶段，减少越级上访，重复上访。

第十七条　对集体上访，特别是集体进京上访的，发现苗头要及时向领导和上级机关报告，各级司法行政机关的领导同志要亲自接待，做好劝阻工作，并迅速研究解决办法，妥善处理，防止事态扩大。对因劝阻不力、工作失职、官僚主义导致越级上访、集体上访造成严重后果的，要追究有关单位领导者的责任。

第五章　信访干部

第十八条　司法行政机关要选配政治思想好，作风正派，有一定政策水平、法律知识和群众工作经验的干部从事信访工作，并保持干部队伍的相对稳定。

第十九条　司法行政机关的信访干部必须做到：

（一）努力学习马列主义、毛泽东思想，坚持四项基本原则，反对资产阶级自由化，学习党的方针政策和法律知识、科学文化知识，努力提高政治思想和业务素质；

（二）坚持全心全意为人民服务的宗旨和密切联系群众，深入实际调查研究的工作作风；

（三）模范地宣传贯彻执行党的路线、方针、政策和国家的法律、法规，实事求是，坚持原则，秉公办事，坚决抵制和反对不正之风；

（四）顾大局，识大体，主动热情地搞好同有关单位和部门的团结协助，互相尊重，密切配合；

（五）严守国家秘密和信访纪律，不得扩散来信来访中涉及的国家秘密和个人隐私等问题。

第六章 附　则

第二十条　各省、自治区、直辖市司法厅（局）可根据本办法，结合实际情况制定工作细则，建立健全信访工作制度。

公安机关信访工作规定

中华人民共和国公安部令

第 79 号

《公安机关信访工作规定》已经 2005 年 7 月 26 日公安部部长办公会议通过，现予发布施行。

公安部部长

二〇〇五年八月十八日

第一章 总 则

第一条 为了规范公安机关信访工作，维护公安机关信访秩序，保护信访人的合法权益，保持公安机关同人民群众的密切联系，根据《信访条例》，制定本规定。

第二条 各级公安机关应当畅通信访渠道，倾听人民群众的意见、建议和投诉请求，接受人民群众的监督，认真做好信访工作，努力为人民群众服务。

第三条　公安机关信访工作应当坚持属地管理、分级负责，谁主管、谁负责，依法、及时、就地解决问题与疏导教育相结合的原则。

第四条　各级公安机关应当科学、民主决策，依法履行职责，严格、公正、文明执法，努力从源头上预防和减少信访事项的发生。

各级公安机关应当建立信访问题排查调处制度，及时将可能形成信访事项的问题解决在萌芽状态和初始阶段。

第五条　各级公安机关应当加强对信访工作的领导，建立由本级公安机关负责人和各有关部门负责人组成的信访工作领导小组，充分发挥各部门、各警种的作用，形成统一领导、部门协调，各负其责、齐抓共管的信访工作格局。

各级公安机关应当为信访工作机构开展工作提供保障。

第六条　各级公安机关负责人应当阅批来信、接待来访、听取信访工作汇报，研究解决信访工作中的问题。地级、县级公安机关必须建立公安局长信访接待日制度，直接处理信访问题。

各级公安机关负责人或者其指定人员，可以就信访人反映突出的问题到信访人居住地与信访人面谈沟通。

第七条　各级公安机关应当建立重大信访信息报告和处理制度。

对于重大、紧急信访事项和信访信息不得隐瞒、谎报、缓报，或者授意他人隐瞒、谎报、缓报。

对于可能造成社会影响的重大、紧急信访事项和信访信息，有关公安机关应当在职责范围内依法、及时采取措施，防止不良影响的产生、扩大。

第八条 各级公安机关应当建立健全信访工作责任追究制度，对信访工作中的失职、渎职行为，依照有关法律、法规和本规定，追究有关人员的责任，并予以通报。

第九条 各级公安机关应当将信访工作绩效纳入领导班子和领导干部考核体系、执法质量考评体系和人民警察考核体系。

公安机关应当将信访事项是否解决在本级公安机关、解决在当地，作为绩效考核的重要依据。

对在信访工作中做出优异成绩的单位和个人，应当给予表彰奖励。

第十条 公安机关及其人民警察依法保护信访人的合法权益，对信访人提出的属于本级公安机关管辖范围的信访事项应当受理，不得推诿、敷衍、拖延；不得歧视、刁难和打击报复信访人；不得将信访人的检举、揭发材料或者有关情况透露给被检举、揭发的人员或者单位。

第十一条 办理信访事项的公安机关人民警察与信访事项或者信访人有直接利害关系的，应当回避。

第十二条 公安机关应当充分利用现有信息网络资源，逐步建立全国公安信访信息系统，并逐步实现与同级人民政府信访工作机构、上级和下级公安机关信访信息的互联互通。

第二章 信访工作机构及职责

第十三条 县级公安机关按照有利工作、方便信访人的原则，设立专门的信访工作机构或者确定负责信访工作的机构、专职人员；地级以上公安机关设立专门的信访工作机构。

公安机关信访工作任务较重的部门，应当确定负责本部门信访工作的领导和工作人员。

第十四条 各级公安机关信访工作机构是本级公安机关负责信访工作的职能部门。其主要职责是：

（一）登记信访事项，并受理属于本级公安机关管辖的信访事项；

（二）对所受理的信访事项按照职责分工转交有关部门、有关警种办理，或者自行办理；

（三）协调办理重要信访事项；

（四）承办上级机关交办的信访事项；

（五）向下级公安机关转送或者交办信访事项，并对其提交的办结报告进行审核；

（六）对信访事项的办理情况书面答复或者告知信访人；

（七）督促、检查、指导本级公安机关其他部门和下级公安机关的信访工作；

（八）对在信访工作中发现民警有违法违纪行为的，向有关部门转交并提出处理建议；

（九）研究、分析信访情况，开展调查研究，及时提出加强、改进公安工作和公安队伍建设的建议。

第十五条 公安机关各部门、各警种均有按业务分工承办职权范围内信访事项的职责，对信访工作机构转办的信访事项，应当认真、及时办理，并在规定时限内向信访工作机构书面回复办理结果。

反映的问题涉及刑事、行政执法业务工作的，由业务主管部门办理；反映的问题涉及执法过错案件的检查和认定的，由法制部门办理；反映的问题涉及单位和民警违法违纪的，由纪委、监察、审计等部门办理；反映的问题涉及多个部门的，由本级公安机关主要负责人牵头，组织协调相关部门办理。

第十六条　各级公安机关信访工作机构应当向社会公布通信地址、电子信箱、投诉电话、接待时间和地点、查询信访事项处理进展情况及结果的方式等相关事宜。

第十七条　各级公安机关应当在其设立的专门信访接待场所或者网站公布与公安信访工作有关的法律、法规、规章，信访事项的处理程序，以及其他为信访人提供便利的相关事项。

第三章　信访事项的管辖

第十八条　各级公安机关受理信访人对本级公安机关及其派出机构和民警的职务行为反映情况，提出建议、意见或者投诉请求等信访事项。

对依法应当通过法定途径解决的信访事项，依照有关法律、法规的规定管辖和处理。

第十九条　地级公安机关受理信访人对县级公安机关的信访事项处理意见不服提出的复查请求。

省级公安机关受理信访人对地级公安机关的信访事项处理

意见不服提出的复查请求；受理信访人对地级公安机关的复查意见不服提出的复核请求。

第二十条 信访事项涉及多个地区的，由所涉及地区的公安机关协商管辖。

对管辖权有争议的，由其共同的上一级公安机关指定管辖。

第二十一条 上级公安机关认为有必要，可以直接受理由下级公安机关管辖的信访事项。

第四章 信访事项的办理

第二十二条 各级公安机关信访工作机构接到信访事项后，应当做好登记，并区分情况，在 15 日内按下列方式处理：

（一）对不属于公安机关职权范围的信访事项，或者依法应当通过诉讼、仲裁、行政复议等法定途径解决的信访事项，不予受理，并告知信访人向有关机关提出或者依照法定程序提出；

（二）对属于本级公安机关管辖的信访事项，予以受理，并根据所反映问题的性质、内容确定办理单位；

（三）对属于下级公安机关管辖的信访事项，应当转送下级公安机关。对其中的重要信访事项，可以向下级公安机关进行交办，要求其在规定的期限内反馈结果，并提交办结报告。下级公安机关应当自收到转送、交办的信访事项之日起 15 日内决定是否受理，并书面告知信访人。

地级以上公安机关信访工作机构应当定期向下一级公安机关信访工作机构通报转送信访事项情况；下级公安机关信访工作机构应当定期向上一级公安机关信访工作机构报告转送信访事项的办理情况。

第二十三条 公安机关信访工作机构接到信访事项后，能够当场告知是否受理的，应当当场书面告知信访人；不能当场告知的，应当自接到信访事项之日起 15 日内书面告知信访人。但是，信访人姓名（名称）、住址不清的除外。

第二十四条 公安机关调查处理信访事项，应当听取信访人陈述事实和理由；必要时可以要求信访人、有关组织和人员说明情况，提供有关证明材料；需要进一步核实有关情况的，可以依法向其他组织和人员调查取证。

对重大、复杂、疑难信访事项，应当由本级公安机关负责人组织专门力量调查处理，必要时可以依照《信访条例》的有关规定，举行公开听证。

第二十五条 公安机关经调查核实，应当依照有关法律、法规、规章及其他有关规定，对信访事项分别作出以下处理，并书面答复信访人：

（一）信访人的投诉请求事实清楚，符合法律、法规、规章或者其他有关规定，应当支持信访人的请求。其中属于公安机关原处理结论确有不当或者错误的，应当作出书面决定，予以纠正或者撤销并予以重新处理；属于公安机关不履行法定职责问题的，应当督促履行职责；

（二）信访人的投诉请求缺乏事实依据或者不符合法律、法规、规章和其他有关规定的，以及信访人的投诉请求虽然事由合理但缺乏法律依据的，对信访人的请求不予支持，并做好信访人的解释疏导工作；

（三）信访人提出的建议和意见，有利于公安机关改进工作的，应当认真研究论证并积极采纳。

第二十六条 信访事项应当自受理之日起 60 日内处理完毕；情况复杂的，经本级公安机关负责人批准，可以适当延长办结期限，但延长期限不得超过 30 日，并告知信访人延期理由。有关法律、法规已规定办结时限的，从其规定。

第二十七条 信访人对县级公安机关处理意见不服的，可以自收到书面答复之日起 30 日内，持书面答复向县级人民政府或者地级公安机关提出复查请求。对地级公安机关处理意见不服的，可以自收到书面答复之日起 30 日内，持书面答复向地级人民政府或者省级公安机关提出复查请求。公安机关应当自收到复查请求之日起 30 日内复查完毕，提出复查意见，书面答复信访人。

对省级公安机关处理意见不服的，应当向省级人民政府提出复查请求。

第二十八条 信访人对地级公安机关复查意见不服的，可以自收到书面答复之日起 30 日内，持书面答复向地级人民政府或者省级公安机关提出复核请求。省级公安机关应当自收到复核请求之日起 30 日内复核完毕，提出复核意见，书面答复信访人。

对省级公安机关复查意见不服的，应当向省级人民政府提出复核请求。

第二十九条 信访人对公安机关复核意见不服，仍然以同一事实和理由提出投诉请求的，各级公安机关不再受理。

第三十条　公安机关复查或者复核信访事项，主要以书面审查方式进行。

经书面审查认为需要进一步核实有关情况的，可以由负责复查、复核的公安机关向信访人及有关组织和人员调查，必要时可以举行听证。

第三十一条　信访人在请求复查或者复核中提出新的事实和理由的，复查或者复核的公安机关可以督促原处理机关进行调查，也可以自行调查。

第三十二条　公安机关复查、复核信访事项后，依照本规定第二十五条，根据不同情况分别提出复查、复核意见。

第三十三条　公安机关在办理信访事项过程中形成的文书材料，应当存档备查。

第五章　信访事项的督办

第三十四条　公安机关信访工作机构应当认真履行督促、检查职责，全面了解本级公安机关有关部门和下级公安机关执行本规定的情况，及时向本级公安机关负责人提交督促、检查报告。

第三十五条　各级公安机关信访工作机构对本级公安机关有关部门或者下级公安机关在处理信访事项中有下列情形之一的，应当及时督办：

（一）应当受理而拒不受理信访事项的；

（二）未按规定程序办理信访事项的；

（三）未按规定的办理期限办结信访事项的；

（四）未按规定反馈重要信访事项办理结果的；

（五）办理信访事项推诿、敷衍、拖延的；

（六）不执行信访处理意见或者复查、复核意见的；

（七）其他需要督办的事项。

第三十六条　公安机关信访工作机构对所督办的事项应当提出改进建议。

收到改进建议的本级公安机关有关部门或者下级公安机关应当及时反馈改进情况。改进建议未被采纳的，信访工作机构可以将改进建议提交本级公安机关负责人审定后，责成被督办单位执行。

第三十七条　公安机关信访工作机构应当将督办情况及在督办过程中发现的民警违法违纪问题，及时向有关公安机关或者有关部门通报，并提出处理意见或者建议。

第六章　法律责任

第三十八条　公安机关因下列情形之一导致信访事项发生，造成严重后果的，对直接负责的主管人员和其他直接责任人员，依照有关法律、法规、规章的规定给予行政处分；构成犯罪的，依法追究刑事责任：

（一）超越或者滥用职权，侵害信访人合法权益的；

（二）应当作为而不作为，侵害信访人合法权益的；

（三）适用法律、法规错误或者违反法定程序，侵害信访人合法权益的；

（四）拒不执行信访处理意见或者复查、复核意见的；

（五）其他导致信访事项发生，造成严重后果的。

第三十九条　公安机关及其有关部门在办理和督办信访事项过程中，违反本规定的，由其上级公安机关责令改正；造成严重后果的，对直接负责的主管人员和其他直接责任人员依法给予行政处分。

第四十条　公安机关对信访事项作出的处理、复查意见，被复查、复核机关撤销或者纠正的，依照《公安机关人民警察执法过错责任追究规定》，视情予以责任追究。

第四十一条　公安机关人民警察在信访工作中玩忽职守、徇私舞弊，或者打击报复信访人，或者将信访人的检举、揭发材料或者有关情况透露给被检举、揭发的人员或者单位的，依法给予行政处分；构成犯罪的，依法追究刑事责任。

公安机关人民警察在处理信访事项过程中，作风粗暴，激化矛盾并造成严重后果的，依法给予行政处分。

第四十二条　公安机关及其人民警察违反本规定第七条，造成严重后果的，对直接负责的主管人员和其他直接责任人员给予行政处分；构成犯罪的，依法追究刑事责任。

第四十三条　信访人违反《信访条例》第十八条、第二十条规定，依照《信访条例》第四十七条处理；构成违反治安管理行为的，依法给予治安管理处罚；构成犯罪的，依法追究刑事责任。

第四十四条　信访人违反《信访条例》第十九条规定，在信访活动中捏造事实、诬告陷害他人，构成犯罪的，依法追究刑事责任；尚不构成犯罪的，依法给予治安管理处罚。

第七章 附 则

第四十五条 对外国人、无国籍人、外国组织向公安机关提出的信访事项，参照本规定处理。

第四十六条 铁路、交通、民航、森林公安机关和海关缉私部门的信访工作，参照本规定执行。

第四十七条 本规定自发布之日起施行。1995 年 1 月 11 日公安部发布的《公安机关受理控告申诉暂行规定》同时废止。

人民检察院信访工作规定

最高人民检察院
关于印发《人民检察院信访工作规定》的通知

各省、自治区、直辖市人民检察院，军事检察院，新疆生产建设兵团人民检察院：

《人民检察院信访工作规定》已经 2007 年 3 月 2 日最高人民检察院第十届检察委员会第七十三次会议通过，现予印发，请遵照执行。执行中有何问题，请及时报告最高人民检察院。

最高人民检察院
二〇〇七年三月二十六日

第一章　总　则

第一条　为了规范人民检察院信访工作，保护信访人的合法权益，维护信访秩序，保持与人民群众的密切联系，根据国家有关法律规定，结合检察工作实际，制定本规定。

第二条 本规定所称信访，是指信访人采用书信、电子邮件、传真、电话、走访等形式，向人民检察院反映情况，提出建议、意见或者控告、举报和申诉，依法由人民检察院处理的活动。

本规定所称信访人，是指采用前款规定的形式，反映情况，提出建议、意见或者控告、举报和申诉的公民、法人或者其他组织。

第三条 人民检察院依法处理下列信访事项：

（一）反映国家工作人员职务犯罪的举报；

（二）不服人民检察院处理决定的申诉；

（三）反映公安机关侦查活动存在违法行为的控告；

（四）不服人民法院生效判决、裁定的申诉；

（五）反映刑事案件判决、裁定的执行和监狱、看守所、劳动教养机关的活动存在违法行为的控告；

（六）反映人民检察院工作人员违法违纪行为的控告；

（七）加强、改进检察工作和队伍建设的建议和意见；

（八）其他依法应当由人民检察院处理的信访事项。

第四条 人民检察院信访工作应当遵循立检为公、执法为民的宗旨，坚持化解社会矛盾、促进社会和谐的原则，畅通信访渠道，依法处理人民群众的建议、意见和控告、举报、申诉，接受人民群众的监督，维护人民群众的合法权益。

第五条 人民检察院信访工作应当坚持属地管理、分级负责，谁主管、谁负责，依法、及时、就地解决问题与教育疏导相结合的原则，把矛盾纠纷化解在基层，解决在当地。

第六条 人民检察院信访工作实行首办责任制，按照部门职能分工，明确责任，及时将信访事项解决在首次办理环节。

第七条 办理信访事项的人民检察院工作人员与信访事项或者信访人有利害关系的，应当回避。

第八条 各级人民检察院应当建立由本院检察长和有关内设部门负责人组成的信访工作领导小组，强化内部配合、制约机制，充分发挥各职能部门的作用，形成统一领导、部门协调，各负其责、齐抓共管的信访工作格局。

第九条 各级人民检察院应当建立重大信访信息报告制度，不得隐瞒、谎报、缓报重大信访信息；下列重大信访信息应当及时向检察长报告：

（一）受理信访事项的综合和分类数据；

（二）群众反映强烈的突出问题；

（三）重大、紧急的信访事项；

（四）转送、催办和交办、督办情况；

（五）重大信访事项办结后，进行调查研究，查找执法环节和检察队伍建设、制度落实等方面存在的突出问题，提出改进检察工作的建议。

第十条 人民检察院应当将信访工作纳入干部考核体系和执法质量考评体系，将信访事项是否解决在本院、解决在当地，作为考核的重要依据。对在信访工作中做出优异成绩的单位和个人，应当给予表彰奖励。

第十一条 人民检察院开展文明接待室创建评比活动，每三年评比、命名一次文明接待室和优秀接待员。

第二章　信访工作机构及职责

第十二条　各级人民检察院应当设立控告申诉检察部门负责信访工作。人员较少的县级人民检察院应当确定负责信访工作的机构或者专职人员。

第十三条　控告申诉检察部门在信访工作中的主要职责：

（一）统一受理来信，接待来访；

（二）对所受理的信访事项按照职责分工转送有关部门办理，或者根据有关规定自行办理；

（三）向下级人民检察院转送或者交办信访事项，并进行督办，对下级人民检察院提交的办结报告进行审查；

（四）根据有关规定对信访事项进行初步调查；

（五）对上级机关交办的信访事项进行转办和催办，或者根据有关规定自行办理，并将办理情况报告上级机关；

（六）对信访事项的办理情况书面答复或者告知信访人；

（七）依据有关规定做好化解矛盾、教育疏导工作及相关善后工作；

（八）在信访工作中发现检察人员有违法违纪行为的，及时移送有关部门调查处理；

（九）研究、分析信访情况，开展调查研究，及时提出加强、改进检察工作和队伍建设的建议；

（十）宣传法制，提供有关法律咨询；

（十一）指导下级人民检察院的信访工作。

第十四条　人民检察院应当设立专门的信访接待场所，并在信访接待场所公布与信访工作有关的法律规定和信访事项的处理程序，以及其他相关事项。

第十五条　人民检察院控告申诉检察部门应当向社会公布通信地址、邮政编码、电子信箱、举报电话、举报网址、接待时间和地点、查询信访事项处理进展情况及结果的方式等相关事项。

第十六条　人民检察院应当加强信访信息化建设，建立和完善信访信息系统，逐步实现各级人民检察院之间、人民检察院与其他国家机关之间信访信息的互联互通，方便人民群众提出诉求，查询办理进度和结果，提高信访工作效率和信访管理水平。

第三章　信访事项的管辖

第十七条　各级人民检察院受理应当由本院管辖的控告、举报和申诉，以及信访人提出的建议和意见。

第十八条　上级人民检察院受理信访人不服下级人民检察院信访事项处理意见提出的复查请求。

第十九条　人民检察院各部门均有按职能分工承办信访事项的职责，对控告申诉检察部门转送的信访事项，应当指定承办人及时办理，并在规定时限内书面回复办理结果。

第二十条　信访事项涉及检察业务工作的，由业务主管部门办理；涉及法律适用问题研究的，由法律政策研究部门办理；涉及组织人事工作的，由政工部门办理；涉及检察人员违法违纪的，由纪检监察部门办理；涉及多个部门工作的，由本院检察长组织协调，明确相关部门牵头办理。

第二十一条　上级人民检察院认为有必要时，可以直接受理由下级人民检察院管辖的信访事项，也可以将本院管辖的信访事项在受理后交由下级人民检察院办理。

第二十二条　信访事项涉及多个地区的，由所涉及地区的人民检察院协商管辖。对于管辖权有争议的，由其共同的上一级人民检察院指定管辖。

第四章　信访事项的受理

第二十三条　信访人采用走访形式提出信访事项的，负责接待的工作人员应当制作笔录，载明信访人的姓名或者名称、单位、住址和信访事项的具体内容，经宣读或者交信访人阅读无误后，由信访人和负责接待的工作人员签名或者盖章。对信访人提供的控告、举报、申诉材料认为内容不清的，应当要求信访人补充。

多人采用走访形式提出同一信访事项的，应当要求信访人推选代表，代表人数不超过五人。

接受控告、举报线索的工作人员，应当告知信访人须对其控告、举报内容的真实性负责，不得捏造、歪曲事实，不得诬告陷害、诽谤他人，以及诬告陷害、诽谤他人应负的法律责任。

第二十四条　信访人采用书信形式提出信访事项的，负责处理来信的工作人员应当及时拆阅。启封时，应当注意保持邮票、邮戳、邮编、地址和信封内材料的完整。启封后，按照主件、附件顺序装订整齐，在来信首页右上角空白处加盖本院收信专用章。

第二十五条 对信访人采用电子邮件、电话、传真等形式提出的信访事项，应当参照本规定第二十三条、第二十四条相关规定办理。

第二十六条 人民检察院实行检察长和业务部门负责人接待人民群众来访制度。接待时间和地点应当向社会公布。

地市级和县级人民检察院检察长和业务部门负责人接待的时间，每年应当不少于十二次，每次不少于半天。

省级以上人民检察院检察长和业务部门负责人每年应当根据情况不定期安排接待时间，或者深入基层组织开展联合接访活动。

第二十七条 检察长和业务部门负责人接待来访群众，可以定期接待，也可以预约接待。

第二十八条 县级人民检察院应当实行带案下访、定期巡访制度，在乡镇、社区设立联络点，聘请联络员，及时掌握信访信息，化解社会矛盾。

第二十九条 信访事项应当逐件摘要录入计算机，在受理后七日内按照管辖和部门职能分工转送下级人民检察院或者本院有关部门办理。对于转送本院有关部门办理的控告、举报、申诉，应当逐件附《控告、申诉首办流程登记表》。

对于重要信访事项应当提出意见，经部门负责人审核后报检察长阅批。

对于告急信访事项应当在接收当日依法处理。

第三十条 对于性质不明难以归口、群众多次举报未查处和检察长交办的举报线索，控告申诉检察部门应当依法进行初查。

第三十一条 各级人民检察院应当依法保护控告人、举报人的合法权益。严禁把控告、举报材料及有关情况泄露给被控告人、被举报人。

第三十二条 属于本院管辖的信访事项，能够当场答复是否受理的，应当当场书面答复；不能当场答复的，应当自收到信访事项之日起十五日内书面告知信访人，但是信访人的姓名（名称）、住址不清的除外。

不属于本院管辖的信访事项，应当转送有关主管机关处理，并告知信访人。

第五章　信访事项的办理

第三十三条 人民检察院办理信访事项，应当听取信访人陈述事实和理由，必要时可以要求信访人、有关组织和人员说明情况，需要进一步核实情况的，可以向其他组织和人员调查了解。

办理重大、复杂、疑难信访事项，应当由检察长组织专门力量调查处理。

第三十四条 人民检察院办理信访事项，经调查核实，应当依法作出处理，并答复信访人：

（一）事实清楚，符合法律政策规定的，应当支持；

（二）信访人提出的建议和意见，有利于改进工作的，应当研究论证并予以采纳；

（三）缺乏事实根据或者不符合法律政策规定的，不予支持，并向信访人做好解释疏导工作。

第三十五条 承办部门应当在收到本院控告申诉检察部门转送的信访事项之日起六十日内办结；情况复杂，逾期不能办结的，报经分管检察长批准后，可适当延长办理期限，并通知控告申诉检察部门。延长期限不得超过三十日。法律、法规另有规定的，从其规定。

第三十六条 控告申诉检察部门对转送本院有关部门办理的信访事项，应当每月清理一次。对即将到期的应当发催办函进行催办；超过一个月未办结的，应当报分管检察长，并向有关部门负责人通报。

第三十七条 上级人民检察院应当每季度向下一级人民检察院通报转交信访事项情况；下级人民检察院应当每季度向上一级人民检察院报告转交信访事项的办理情况。

第三十八条 承办部门应当向控告申诉检察部门书面回复办理结果。书面回复文书应当具有说理性，主要包括下列内容：

（一）信访人反映的主要问题；

（二）办理的过程；

（三）认定的事实和证据；

（四）处理情况和法律依据；

（五）开展化解矛盾、教育疏导工作及相关善后工作的情况。

第三十九条 信访事项办理结果的答复由承办该信访事项的人民检察院控告申诉检察部门负责，除因通讯地址不详等情况无法答复的以外，原则上应当书面答复信访人。

重大、复杂、疑难信访事项的答复应当由承办部门和控告申诉检察部门共同负责，必要时可以举行公开听证，通过答询、辩论、评议、合议等方式，辩明事实，分清责任，做好化解矛盾、教育疏导工作。

举报答复应当注意保密，依法保护举报人的合法权益。需要以邮寄方式书面答复署名举报人的，应当挂号邮寄并不得使用有人民检察院字样的信封。

第四十条 信访人对人民检察院处理意见不服的，可以依照有关规定提出复查请求。人民检察院收到复查请求后应当进行审查，符合立案复查规定的应当立案复查，不符合立案复查规定的应当书面答复信访人。

第四十一条 人民检察院信访接待人员应当告知信访人依照国家有关规定到指定地点反映诉求，做到依法有序信访。对于信访人的下列行为，应当进行劝阻、批评或者教育；对于劝阻、批评或者教育无效的，应当移送公安机关依法处理：

（一）在人民检察院办公场所周围非法聚集，围堵、冲击人民检察院，拦截公务车辆，堵塞、阻断交通，影响正常办公秩序的；

（二）携带危险物品、管制器具的；

（三）侮辱、殴打、威胁检察人员，或者非法限制检察人员人身自由的；

（四）在信访接待场所滞留、滋事，故意破坏信访接待场所设施，或者将生活不能自理的人弃留在信访接待场所的；

（五）煽动、串联、胁迫、以财物诱使、幕后操纵他人信访或者以信访为名借机敛财的。

第四十二条　对于信访人捏造歪曲事实，诬告陷害、诽谤他人，构成犯罪的，应当依法追究刑事责任；尚不构成犯罪的，应当移送主管机关处理。

第六章　信访事项的交办和督办

第四十三条　上级人民检察院控告申诉检察部门可以代表本院向下级人民检察院交办下列重要信访事项：

（一）群众反映强烈，社会影响较大的；

（二）举报内容较详实，案情重大，多次举报未查处的；

（三）不服人民检察院处理决定，多次申诉未得到依法处理的；

（四）检察长批办的。

第四十四条　控告申诉检察部门负责管理上级人民检察院控告申诉检察部门交办的信访事项。登记后提出办理意见，报分管检察长审批。

第四十五条　对上级人民检察院交办的信访事项应当及时办理，一般应当在三个月内办结；情况复杂，确需延长办结期限的，需经检察长批准，延长期限不得超过三个月。延期办理的，应当向上级人民检察院报告进展情况，并说明理由。

第四十六条　对于上级人民检察院交办的信访事项，承办部门应当将办理情况和结果报经检察长审批后，制作《交办信访事项处理情况报告》，连同有关材料移送控告申诉检察部门，由控告申诉检察部门以本院名义报上一级人民检察院控告申诉检察部门。

第四十七条 《交办信访事项处理情况报告》应当包括下列内容：

（一）信访事项来源；

（二）信访人反映的主要问题；

（三）办理的过程；

（四）认定的事实和证据；

（五）处理情况和法律依据；

（六）开展化解矛盾、教育疏导工作及相关善后工作的情况。

第四十八条 上级人民检察院收到下级人民检察院上报的《交办信访事项处理情况报告》后，应当认真审查，对事实清楚、处理适当的，应当结案；对事实不清、证据不足、定性不准、处理不当的，应当提出意见，退回下级人民检察院重新办理。

对确有错误，下级人民检察院坚持不予纠正的，上级人民检察院经检察长或者检察委员会决定，可以撤销下级人民检察院的原处理决定，并作出新的决定。

第四十九条 上级人民检察院控告申诉检察部门对下级人民检察院在处理信访事项中有下列情形之一的，应当及时予以监督纠正：

（一）应当受理而拒不受理的；

（二）未按规定程序办理的；

（三）未按规定的办理期限办结的；

（四）未按规定反馈办理结果的；

（五）不执行信访处理意见的；

（六）其他需要监督纠正的事项。

第五十条 上级人民检察院控告申诉检察部门对所督办事项应当提出改进建议。下级人民检察院收到改进建议后应当及时改进并反馈情况。建议未被采纳的，控告申诉检察部门可报经检察长审批后，责成被督办单位执行。

第七章 责任追究

第五十一条 控告申诉检察部门在处理信访事项工作中，发现检察人员有违法违纪行为的，应当提出建议，连同有关材料移送政工部门或者纪检监察部门处理。

第五十二条 具有下列情形之一导致信访事项发生，造成严重后果的，对直接负责的主管人员和其他直接责任人员，依照《人民检察院错案责任追究条例（试行）》和《检察人员纪律处分条例（试行）》等有关规定给予纪律处分；构成犯罪的，依法追究刑事责任：

（一）超越或者滥用职权，侵害信访人合法权益的；

（二）应当作为而不作为，致使信访人合法权益受到侵害的；

（三）因故意或者重大过失，造成案件定性处理错误，侵害信访人合法权益的；

（四）其他因故意或者重大过失导致信访事项发生，造成严重后果的。

第五十三条 在处理信访事项过程中违反本规定，具有下列情形之一，造成严重后果的，对责任单位、责任部门和直接责任人予以批评教育；情节较重的，给予纪律处分；构成犯罪的，依法追究刑事责任：

（一）无故推诿、敷衍，应当受理而不予受理的；

（二）无故拖延，未在规定期限内办结的；

（三）对事实清楚，符合法律、法规或者其他有关规定的信访请求未予支持的；

（四）作风粗暴，方法简单，激化矛盾的；

（五）玩忽职守、徇私舞弊，打击报复信访人，或者把控告、举报材料及有关情况泄露给被控告人、被举报人的；

（六）拒不执行信访处理意见的。

第五十四条 隐瞒、谎报、缓报重大信访信息，造成严重后果的，对直接负责的主管人员和其他直接责任人员给予批评教育；情节较重的，给予纪律处分。

第八章 附 则

第五十五条 本规定由最高人民检察院负责解释。

第五十六条 本规定自公布之日起实施，此前有关人民检察院信访工作的规定与本规定不一致的，适用本规定。